大学生创新创业实训

主　编　戚　健　张雅伦　张丽丽
副主编　王　倩　张　冉　艾　华
主　审　孙晓静　刘冬梅

北京理工大学出版社
BEIJING INSTITUTE OF TECHNOLOGY PRESS

内 容 简 介

全书共 8 个项目，主要内容包括：初识创新与创业，构建创业团队，认识企业的法律形态与环境，评估创业市场，预测启动资金，撰写创业计划书，创业融资，创业游戏环节。

本书可供高职高专院校师生教学使用，也可供创新创业教育人员参考用书。

图书在版编目（CIP）数据

大学生创新创业实训 / 戚健，张雅伦，张丽丽主编. —北京：北京理工大学出版社，2018.9（2022.3 重印）

ISBN 978-7-5682-6138-8

Ⅰ. ①大…　Ⅱ. ①戚…　②张…　③张…　Ⅲ. ①大学生-创业-高等学校-教材　Ⅳ. ①G647.38

中国版本图书馆 CIP 数据核字（2018）第 189861 号

出版发行 / 北京理工大学出版社有限责任公司
社　　址 / 北京市海淀区中关村南大街 5 号
邮　　编 / 100081
电　　话 /（010）68914775（总编室）
（010）82562903（教材售后服务热线）
（010）68944723（其他图书服务热线）
网　　址 / http://www.bitpress.com.cn
经　　销 / 全国各地新华书店
印　　刷 / 唐山富达印务有限公司
开　　本 / 787 毫米×1092 毫米　1/16
印　　张 / 16.5
字　　数 / 390 千字
版　　次 / 2018 年 9 月第 1 版　2022 年 3 月第 6 次印刷
定　　价 / 39.00 元

责任编辑 / 李志敏
文案编辑 / 李志敏
责任校对 / 周瑞红
责任印制 / 施胜娟

图书出现印装质量问题，请拨打售后服务热线，本社负责调换

前　言

国务院《关于大力推进大众创业万众创新若干政策措施的意见》中明确指出，推进“大众创业、万众创新”，是培育和催生经济社会发展新动力的必然选择，是扩大就业、实现富民之道的根本举措，更是激发全社会创新潜能和创业活力的有效途径，是实施创新驱动发展战略的重要支撑。

为了进一步训练并提升学生自身素质能力，提高学生创业能力，特组织教师编写这本与《大学生创新创业基础教程》相配套的实训手册。本书基于现阶段高职高专院校创新创业教育实际，结合任务驱动和过程性评价的课程设计理念，运用“互联网+”思维，结合二维码资料，设计多样的实训方法。本书力求体现以下特点：

1. 培训学生创新创业的实践能力，实践方法深入浅出，更适合高职学生使用。本书结合创新和创业的理论编排实训项目，从最实用的内容入手，结合高职高专院校学生特点编写而成。

2. 书中创业部分以实际创业流程为主线，实训的过程也是模拟创业的过程，并融入新道新商战沙盘实训内容。

3. 本书在实训方法、实训案例分析等方面力求实用、易于操作。便于学习者练习、提升，实训方法简洁、参考性强，可满足高职高专院校学生的创业需求，解决创业中出现的普遍问题。

本书由戚健、张雅伦、张丽丽担任主编，王倩、张冉、艾华担任副主编。具体编写分工如下：项目一、二由张丽丽编写，项目三、四、五、六由张雅伦编写，项目七由王倩编写，项目八由张冉编写，附录部分由戚健编写。书中二维码资源由艾华搜集整理。本书由河北能源职业技术学院孙晓静、刘冬梅主审。

在本书的编写过程中，编者参考和使用了有关资料，在此谨向这些资料的作者致以衷心的谢意。

编者希望在今后教学实践与研究过程中不断完善、更新本书，也希望得到更多的意见和帮助。由于编写时间仓促和编者水平有限，书中存在不妥之处，恳请专家与同仁及读者批评、指正。

编　者

目　　录

项目一
初识创新与创业

实训一　认识创新与创业的内涵

实训目标

1. 提高搜集材料与整理、分析材料的能力。
2. 学会从案例中提取创新与创业的内涵。
3. 通过小组交流，丰富个人的见解。

实训环节

一、搜集大学生创新创业的典型案例

分小组进行大学生创新创业典型案例的搜集。可以通过网络平台、文献查询、人物访谈等渠道查找大学生创新创业的经典案例（2～3 个）。搜集查找之后进行案例的整理与汇总，见表 1－1。

表 1－1　案例名称及内容

案例名称 1	
案例名称 2	
案例名称 3	

二、整理并制作大学生创新创业典型案例 PPT

将收集的材料进行整理汇编，最终以 PPT 的形式呈现出来。小组成员通过交流协作，共同制作 PPT。建议从案例的展示、案例的分析、案例的总结以及案例的启发等角度进行设计制作。

三、小组汇报并讨论大学生创新创业典型案例

向全班汇报收集整理的大学生创新创业典型案例。形式为小组推选代表，上台演讲汇报小组制作的大学生创新创业典型案例 PPT。汇报后请其他同学发表感想或建议，进一步丰富对案例所揭示的创新与创业内涵的认识和理解。最后完成以下问题，巩固学习成果。

1. 简述收集的案例。

____

____

____

2. 案例中的大学生创业者是怎样进行创新的？创业者又是如何利用创新成果进行创业的？

____

____

____

3. 通过总结案例，谈谈你对创新与创业的认识。

____

____

____

____

4. 这些案例对你产生了什么启发？结合自身情况谈谈自己的做法。

____

____

____

____

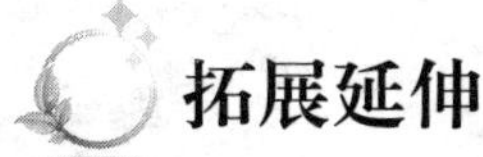

拓展延伸

如何做好大学生创业者人物访谈

访谈法（interview）又称晤谈法，是指通过访员和受访人面对面地交谈来了解受访人的心理和行为的心理学基本研究方法。[①]它是一种具有较好灵活性和较强适应性的调查方法，因此被广泛应用于教育调查、求职、咨询等，尤其是用于个性化、个别化的调查研究。在进行大学生创业者人物访谈时，需要遵循以下四个步骤。

1. 选择访谈对象

在进行访谈活动之前，首先需要确定所要访谈的创业者。学生可以通过上网搜索、查阅校史、浏览校园网站、请教老师和学长、学姐，或者通过周围的人的介绍，选择合适的创业成功者作为访谈对象。另外，在此过程中，可形成对创业者的初步了解。

2. 设计访谈提纲

围绕访谈的主题和目的拟定访谈提纲。根据访谈内容的不同，可以设计不同的访谈提纲。例如，可以就创业者的创业规划展开，诸如最初构想、创业机会、产品开发、企业组织、资金支持等方面的问题。在进行访谈之前，要事先告知访谈者你的访谈目的，让其能够有针对性的回答相关问题。

3. 开展创业者访谈提问

成立访谈小组，明确小组成员的分工，并在事前进行访谈练习。做好访谈的相关准备工作，如准备好纸笔、录音笔、相关资料等。按时到达约定的地点，围绕事先拟定好的访谈提纲进行访谈，并及时做好访谈记录。在访谈时切记分条提问，做到条理清晰，内容紧凑。同时，访员注意自身的谈话方式，不可过于主动和啰唆。一般情况下，要对访谈过程录音，以作为访谈的重要记录。

4. 整理访谈记录，汇总访谈结果

对访谈者采访的结束并不意味着整个访谈活动的结束。与访谈者访谈结束之后，只有对访谈内容进行总结与整理，提炼得出所需的访谈结果，才能够算作访谈结束。在这一过程中，要把握访谈者是否完整地回答了提纲所列的问题，得出的访谈结果是否与预期相符，还需不需要补充。最终，通过小组成员的总结，汇总得出访谈结果。

拓展阅读 1－1

从校园“倒爷”走出的“三人行”

实训二　实现大学生创新向创业的转换

实训目标

1. 进一步认识创新与创业的关系，学习由创新向创业转化的方法。
2. 通过了解创新创业的类型，认识创新对创业的作用。

① 访谈法[EB/OL]. 百度百科，（2015－06－08）[2018－05－14].https://baike.baidu.com/item/访谈法/11003465?fr=aladdin.

3. 正确对待创新与创业的关系。

拓展阅读 1-2

ofo 小黄车的创业故事

实训环节

一、阅读并分析

吉利汽车的设计与创新

浙江吉利控股集团是中国汽车行业十强企业之一。自从 1997 年进入轿车领域以来，凭借灵活的经营机制和持续的自主创新取得了快速的发展，连续 8 年进入中国企业 500 强，连续 6 年进入中国汽车行业十强，被评为首批国家“创新型企业”和“国家汽车整车出口基地企业”。

“吉利的成功，就在于创新。”总经理安聪慧介绍道，“吉利”始终有一个美丽的追求：打造全世界最好的汽车工厂，造最安全、最环保、最节能的好车，让吉利汽车走遍全世界。而面对跨国公司的技术封锁和市场垄断，“吉利”只有通过创新，才能为自己开创一片天地。

但创新从何下手呢？吉利公司通过对我国汽车产业的调查分析，得出我国汽车产业仍面临投资过热、行业分散、配套设施落后、自主研发与创新能力提高进展缓慢、甚至具有严重的技术依赖等突出问题。为解决这些问题，吉利公司提出了自身的发展理念，并开始一步一个脚印地朝其目标前进发展。第一，提升研发能力，不断形成独立的造型设计、工程设计、工程分析、研制试装与同步工程能力，逐渐具备汽车整车、发动机、变速器及新能源等关键技术的长相自主开发能力；第二，不断推出新型车型产品，科学规划产品开发平台；第三，不断突破核心技术，独创 BMBS 爆胎检测与控制技术，带动主动安全技术的全面提升；第四，科技成果节节攀升，加大专利、论文、科技成果三大科技指标的研发投入；第五，加大人才培养力度，实施独具“吉利”特色的管理方法——“源动力”工程，赋予员工充分的话语权、考评权和监督权；第六，变低价策略为品质策略，企业理念由“造老百姓买得起的好车”转变为“造最安全、最节能、最环保的好车”；第六，建立完善的营销网络，实现用户需求的快速反应和市场信息的快速处理。

由此可见，“吉利”通过整个技术体系创新工程的建设与企业发展模式的转变，确保了企业战略转型的成功实施，支撑了企业的可持续发展。

1. 上述材料中，吉利公司的创新之处体现在哪里？吉利公司是如何将这些创新成果转变为有利于企业发展的战略支撑，从而使其实现“第二次”创业的？

2. 结合材料，谈谈你对创新与创业关系的进一步理解，并简要阐述创新向创业转换所需要的条件和方法。

二、自主查找创新创业类型的相关知识

通过阅读图书、上网搜索、调查研究等途径了解大学生创新创业具有哪些类型，并选取其中一种类型具体谈谈，作为创新型创业，其“新”在何处？

例如，通过文献阅读的途径，了解到创新创业具有以下类型：机会型创业、概念型创业、技能型创业、自有知识产权创业、独立创业、既有组织内创业、加盟创业、尾随型创业、对抗性创业、冒险性创业……

1. 你了解到的大学生创新创业类型有哪些？

2. 选取其中一种类型，阐述其内涵，并在此基础上具体谈谈其“新”在何处？

三、阅读并分析

e国1小时的失败

“e 国”曾是 2000 年电子商务的明星企业，一度以“一小时配送到家”作为其创办企业的口号。这一创新的发展理念在当时具有巨大的发展前景。因此，e 国一经成立，便吸引了众多网络用户和电商企业的眼球，一度成为电子商务中的明星企业。但“e 国 1 小时”在获得用户称赞的同时也获得了同样多的怀疑：“e 国 1 小时”带来了巨大的配送成本，e 国还能赚钱吗？卖得越多不是亏得越多？没有新资金的介入，e 国还能够支撑多久？有的人则干脆认为，e 国之所以能够推出“e 国 1 小时”的营销模式，只是由于其目前具有较为成功的市场运作而已。

其后，随着 e 国用户流量的大量衰减以及资金流量的缺失，e 国最终宣布倒闭。实际上，e 国的悲剧在于其在市场还未成熟时便过早地切入市场。2000 年，我国的物流、支付、配送，甚至是网络购物的发展都极不成熟。e 国虽然有着超前的发展理念，但仅靠一家公司来撑起整个产业链的发展，相当于天方夜谭。

［资料来源：经典创业失败案例分析. 360 个人图书馆］

1. 上述材料中，e 国具有超前的创新理念，但为什么会遭遇创业的失败？

2. 结合材料，谈谈大学生在创新创业时应注意哪些问题？

实训三　培养创新精神

实训目标

拓展阅读 1–3

实践中培养解决问题的意识

1. 懂得激发自身的创新意识，敢于质疑，善于发现与提问。
2. 掌握独立思考的内涵，学会自主思考。
3. 逐步培养创新特质，形成创新性人格。

实训环节

一、分析关于伽利略推翻亚里士多德自由落体学说的材料

众所周知，古希腊伟大的自然科学家、哲学家亚里士多德认为，不同的物体做自由落体运动时，下落的快慢是不同的。物体的下落速度与其重量成正比，物体越重，下落的速度越快。1 700 多年以来，人们一直将这一违背自然规律的学说当成毋庸置疑的真理。然而，年轻的伽利略根据自身的经验推理，大胆地对这一学说提出了质疑。最终，他通过在著名的比萨斜塔上所作的试验，推翻了亚里士多德的学说，揭开了自由落体运动的秘密，在物理学的发展史上留下了浓墨重彩的一笔。

1. 通过阅读上述材料，你有什么感想？科学发展史上还有哪些类似的例子，请至少列举两个示例。

2. 结合材料，谈谈质疑精神对于创新的作用。

3. 在学习和生活中，你会进行质疑吗？如果会，请简述你的疑问以及可能有的解决方案。

二、搜集关于发现、观察、提问的名言警句

通过图书和网络，搜集关于“发现”“观察”“提问”的名言警句，并将你对这些名言警句的理解与感悟填入表 1－2 中。

表 1－2　名言警句

名言警句	理解与感悟

三、分析关于思维与思考的案例

案例一：拿破仑·希尔认为，影响人的深度思维的因素有三条：一、过去的经历可以影响我们思维的深度；二、当前的压力会影响我们思维的深度；三、缺乏洞察力会制约我们思维的深度。

案例二：劳伦斯·洛威博士生前是哈佛大学最伟大的校长之一，他说过："只有一个方法能够真正地训练一个人，就是这个人要自动地去动用自己的脑子。你可以帮助他，可以引导他，可以向他暗示，而且最重要的，你还可以激励他。但是只有他通过自己的思考和努力获得的东西才是最有价值的；他所得到的成果，必然是和他所付出的努力成正比的。"

［资料来源：互联网］

1. 上述两个案例分别说明了什么道理？你认为人的思维和思考对于创新来说，具有什么作用？

____

____

____

2. 结合案例，谈谈你对"钱学森之问"——"为什么我们的学校总是培养不出杰出人才？"的看法。

____

____

____

____

四、测试创新人格

运用下列的"形容词检查单"法（表 1－3），测试自己具有哪些创新人格特质，从而初步了解自己的创造力强弱。并根据创新人格特质正相关形容词（表 1－4）与创新人格特质负相关形容词（表 1－5），进一步完善自身的创新人格特质。

表 1－3　"形容词检查单"

有能力的	谨慎的	好色的	易受别人影响的
有洞察力的	有礼貌的	兴趣狭窄的	理智的
势利的	聪明的	兴趣广泛的	多疑的
有信心的	有发明精神的	不拘礼节的	自我中心的
保守的	抱怨的	幽默的	有独创性的
自信的	个人主义的	沉思的	顺从的
忠诚的	老实的	随机应变的	平凡的

表 1－4　创新人格特质正相关形容词

有能力的	有洞察力的	好色的	聪明的
理智的	势利的	有信心的	兴趣广泛的
不拘礼节的	自我中心的	有发明精神的	自信的
幽默的	有独创性的	随机应变的	个人主义的
沉思的	—	—	—

表 1－5　创新人格特质负相关形容词

易受别人影响的	谨慎的	兴趣狭窄的	保守的
平凡的	老实的	忠诚的	有礼貌的
抱怨的	多疑的	顺从的	—

1. 通过对自身创新人格的测试，你认为自己有哪些优缺点？

____

____

____

2. 参考表 1－4、表 1－5，并结合自身的人格特质，你认为自己应如何改进？

____

____

____

____

拓展延伸

如何培养独立思考的能力[①]

1. 与习惯性思想的来源相隔离

不要总是先插上电源然后用电视，电脑或者是去图书馆找答案，先自己想想。你尽管不能与世界相隔绝，但是你可以通过限制习惯性观点的摄入量来增加你独立思考的量。这意味着减少接触媒体的时间和精力。独立思考者不一定是异类，但是他们不因循而守旧。独立思考者尝试以一种新的标准来看世界而不是仅仅从电脑屏幕前获取一切。

① 来源：https://www.zhihu.com/question/19583172/answer/12399265

2. 将自己沉浸与自己现有观点矛盾的经历中

不要总是以一个新一点儿的习惯性思维去替换掉旧的，你可以主动寻找与自己的观点不一致的经历。它们可能存在于外国文化，不寻常的亚文化中，或是在你不赞同的书中。这一点可以这样看待，它不是让你接受一个装思考的“新火车”，而是废掉习惯性思考的“铁路”。

3. 以旁观者的眼光看进程

把平常生活抛在脑后可以赋予你这样一种自由：从另一个角度看问题。观察这个世界将带给你一种思考自我的平和。静静地站一会儿，任时光流逝。这可以给你嘲笑自己所持的信念以及寻找一片“新大陆”的机会。

4. 随机化你的生活圈

不要总去相同的场所，吃相同的食物，与相同的人聊天。你可以积极地追寻新的经历。许多人习惯了这种简单的决定，这样可以带来安全感。但如果你想独立地思考，你需要跳出自己所习惯的圈子。

5. 练习质疑

可以尝试养成本能的质疑习惯性的观点的习惯，但不要成为犬儒主义者。不要认为那些“真理”是不证自明的，只有当自己确信在逻辑的后面还有事实来支持它们之后，再作出判断。

实训四　挖掘创新潜能

实训目标

1. 了解自身具备的创造潜力，科学认识自身。
2. 学会独立解决问题，掌握独立创新能力的方法。
3. 逐步完善自身的创造人格。

实训环节

一、测试你的创造力

美国普林斯顿创造才能研究公司总经理、心理学家尤金·劳德塞通过对善于思考、富有创造力的科学家、工程师和企业经理的个性与品质的研究，设计出了测试人们创造力的一套试题，简称“普林斯顿创造力测试”。试验时，从A、B、C三个字母中选择一个字母表示你的同意程度。其中，A代表同意；B代表中立；C代表不同意。回答时，要做到尽量准确、真实，不要有所猜测。表1－6为普林斯顿创造力测试。

表1－6　普林斯顿创造力测试

序号	试　　题	A	B	C
1	我不做盲目的事，即我总是有的放矢，用正确的步骤来解决每一个问题			
2	只提出问题而不想获得答案，无疑是浪费时间			

续表

序号	试 题	A	B	C
3	无论什么事情，要我发生兴趣总比别人困难			
4	合乎逻辑的、循序渐进的方法，是解决问题的最好方法			
5	有时，我在小组里发表的意见会使一些人感到厌烦			
6	我花费大量时间来考虑别人是怎样看待我的			
7	做自认为是正确的事情，比力求博得别人的赞同重要得多			
8	我不喜欢那些做事没有把握的人			
9	我需要的刺激和兴趣比别人多			
10	我知道如何在考验面前，保持自己的内心镇静			
11	我能坚持很长一段时间来解决难题			
12	有时我对事情过于热心			
13	在无事可做时，我倒常常想出好主意			
14	在解决问题时，我常常单凭直觉来判断“正确”或“错误”			
15	在解决问题时，我分析问题较快，而综合收集资料的速度较慢			
16	我会打破常规去做我原来并未想到要做的事			
17	我有收藏癖			
18	幻想促进了我许多重要计划的提出			
19	我喜欢客观而又理性的人			
20	如果要我在本职工作之外的两种职业中选择一种，我会选择当一个实际工作者，而不当探索者			
21	我能与自己的同事或同行们很好地相处			
22	我有较高的审美感			
23	在我的人生中，我一直在追求名利和地位			
24	我喜欢坚信自己的结论的人			
25	灵感与获得成功无关			
26	争论时，原来与我观点不一的人变成了我的朋友会使我感到高兴			
27	我更大的兴趣在于提出新的建议，而不在于设法说服别人接受这些建议			
28	我喜欢独自一人整天“深思熟虑”			
29	我往往避免做那些使我赶到低下的工作			
30	在评价资料时，我认为资料的来源比其内容更为重要			
31	我不喜欢不确定和不可预言的事情			
32	我喜欢一门心思苦干的人			
33	一个人的自尊比得到他人的尊慕更为重要			

续表

序号	试　　题	A	B	C
34	我觉得那些力求完美的人是不明智的			
35	我更愿和大家一起努力工作，而不愿意单独工作			
36	我喜欢能够对别人产生影响的工作			
37	在生活中，我经常碰到不能用“正确”或“错误”来加以判断的问题			
38	对于我来说，“各得其所”“各在其位”很重要			
39	那些使用古怪和不常用的词语的作家，纯粹是为了炫耀自己			
40	许多人之所以感到苦恼，是因为他们把事情看得太认真了			
41	即使遭遇不幸、挫折与反对，我仍然能对工作保持原来的精神状态和热情			
42	想入非非的人是不切实际的			
43	我对“我不知道的事”比“我知道的事”印象更深刻			
44	我对“这可能是什么”比“这是什么”更感兴趣			
45	我经常为自己在无意中说话伤人而闷闷不乐			
46	即使没有报答，我也乐意为新颖的想法花费大量时间			
47	我认为“出主意没什么了不起”这种说法是中肯的			
48	我不喜欢提出那些显得无知的问题			
49	一旦任务在肩，即使遭遇挫折，我也要坚决完成			

从表 1－7 所示描述人物性格的形容词中，挑选出 10 个你认为最符合你性格的形容词。

表 1－7　人物性格形容词表

精神饱满的	有说服力的	实事求是的	虚心的
观察力敏锐的	谨慎的	束手束脚的	足智多谋的
自高自大的	有主见的	有献身精神的	有独创性的
性急的	高效的	乐于助人的	坚强的
老练的	有克制力的	热情的	时髦的
自信的	不屈不挠的	有远见的	机灵的
好奇的	有组织力的	铁石心肠的	思路清晰的
脾气温顺的	可预言的	拘泥形式的	不拘礼节的
有理解力的	有朝气的	严于律己的	精干的
讲实惠的	嗅觉灵敏的	无畏的	严格的
一丝不苟的	谦逊的	复杂的	漫不经心的
柔顺的	创新的	实干的	泰若自若的
渴求知识的	好交际的	善良的	孤独的
不满足的	易动情感的	—	—

计分方法见表 1－8。

表 1－8　计分方法

序号	A	B	C	序号	A	B	C	序号	A	B	C
1	0	1	2	2	0	1	2	3	4	1	0
4	－2	0	3	5	2	1	0	6	－1	0	3
7	3	0	－1	8	0	1	2	9	3	0	－1
10	1	0	3	11	4	1	0	12	3	0	－1
13	2	1	0	14	4	0	－2	15	－1	0	2
16	2	1	2	17	0	1	2	18	3	0	－1
19	0	1	2	20	0	1	2	21	0	1	2
22	3	0	－1	23	0	1	2	24	－1	0	2
25	0	1	3	26	－1	0	2	27	2	1	0
28	2	0	－1	29	0	1	2	30	－2	0	3
31	0	1	2	32	0	1	2	33	3	0	－1
34	－1	0	2	35	0	1	2	36	1	2	3
37	2	1	0	38	0	1	2	39	－1	0	2
40	2	1	0	41	3	1	0	42	－1	0	2
43	2	1	0	44	2	1	0	45	－1	0	2
46	3	2	0	47	0	1	2	48	0	1	3
49	3	1	0	—	—	—	—	—	—	—	—

表 1－9 所示的形容词每个得 2 分，表 1－10 所示的形容词每个得 1 分，其余不得分。

表 1－9　人物性格形容词表（一）

精神饱满的	观察力敏锐的	不屈不挠的	柔顺的
足智多谋的	有主见的	有献身精神的	有独创性的
感觉灵敏的	无畏的	创新的	好奇的
有朝气的	热情的	严于律己的	—

表 1－10　人物性格形容词表（二）

自信的	有远见的	不拘礼节的	不满足的
一丝不苟的	虚心的	机灵的	坚强的

［资料来源：创造力测试完整版.百度文库］

1. 你的得分为：____________

2. 通过测试创造力，你认为自己具备多大的创造潜力？今后又应做哪些改进？

____

____

____

____

二、分组讨论关于“独立创新能力”的相关问题

分小组对有关独立创新能力的相关议题展开讨论。通过文献查询、网络搜索、结合生活实际等途径多方面的了解独立创新能力的内涵，并通过就如何开发与提高大学生的独立创新能力集思广益，最后归纳总结得出提高独立创新能力的具体做法。

例如，书中提出创新能力构成的经验公式为：

创新能力=创新潜力×创造性×专业知识技能

创造性=创造人格＋创新思维＋创新方法

因此，我们应该从创新潜力、创造性、专业知识技能三个方面加强自身创新能力的建设。其中，创新潜力可通过环节一得出；创造性所涉及的三个方面会在后续环节中加以训练；专业知识技能则需要学生们平时的踏实学习和积累。

1. 通过小组讨论，你对独立创新能力有了怎样深入的理解？

____

____

____

2. 结合日常学习和生活实际，谈谈你要如何提高自身的独立创新能力。

____

____

____

____

三、自主查询创造人格的相关知识，分析自身的创造人格

由环节二可知，创造人格作为创造性的一个重要方面，对创新能力的提高具有重要意义。为对自身的创造人格有一个较为清晰的了解，请同学们首先自主查询有关创造人格的知识，在此基础上，对自己的创造人格进行盘点和分析，从而全面了解自身具备的创造人

格，并得出向创造性人格转变的方法。

拓展阅读 1－4

创造力测试（表 1–6）

拓展阅读 1－5

培养创造性人格

1. 通过学习和查询，你认为人格的内涵是什么？创造人格的内涵又是什么？

____

____

____

____

2. 结合自身情况，分析自身具有的人格特征，并谈谈如何使其发展成为创造性人格。

____

____

____

____

实训五　扫除创新思维障碍

实训目标

1. 了解思维障碍具有的类型。
2. 掌握克服思维障碍的方法。

实训环节

一、思考并分析三个关于“水平思考”的谜题，尝试解决问题

英国物理学家、心理学家、思维大师爱德华·德·博诺曾对人们的思考方法，尤其是对创新思维提出了挑战，创造了“水平思考”这一概念。“水平思考”是指通过多种意想不到的角度，从多方位来思考和解决问题。这种思考方式区别于具有逻辑性和连贯性的垂直思维，以推动思维突发变换为目的。以下为三个关于“水平思考”的谜题，请同学们转动脑筋，发动思维，尝试得出解决方案。

1. 根据一个匿名电话的提示，警察突击搜索了一个房屋，逮捕了一名谋杀嫌疑犯。他们在闯入屋子之前并不知道那名嫌犯的长相，但是知道他名叫约翰。在屋子里，警察看到了一名木匠，一名出租车司机，一名汽车修理工和一名消防员在一起打牌。根本没有询问任何人的名字，警察就立马逮捕了那名消防员。警察怎么判断出逮到的是约翰呢？

答：____

____

2. 一名杀人犯被判死刑。他必须选择三个房间中的一个受死。第一个房间里燃烧着熊熊烈火。第二个房间里全是刺客，手里都拿着上了子弹的枪。而第三个房间则塞满了 3 天没有进食的狮子。哪一个房间对他来说比较安全呢？为什么？

答：____

____

3. 图 1－1 中只有 9 个点，你能用一笔画出 4 条直线连接这 9 个点，并且不重复任何一条线吗？

● ● ●
● ● ●
● ● ●

图 1－1　九子图

［资料来源：《创新必须打破既定的模式，才能处于全新角度观察事物》］

二、完成突破思维定式的训练

下列为打破思维定式的训练题，请充分拓展思维，得出解决方法。

1. 广场上有一匹马，马头朝东站立着，后来又向左转了 270°。请问：这时它的尾巴指向哪个方向？

答：____

____

____

2. 如何把 10 枚硬币放在同样的 3 个玻璃杯中，并使每个杯子里的硬币都为奇数？

答：____

____

____

3. 天花板下悬挂两根相距 5m 的长绳，在旁边的桌子上有些小纸条和一把剪刀。请问：如何做到站在两绳之间不动，伸开双臂双手各拉住一根绳子？

答：____

____

____

4. 玻璃瓶里装着橘子水，瓶口塞着软木塞，既不准打碎瓶子，弄碎软木塞，又不准拔出软木塞。请问：怎样才能喝到瓶里的橘子水？

答：____

____

____

5. 钉子上挂着一只系在绳子上的玻璃杯，你能既剪断绳子又不使杯子落地吗？（剪的时候手只能碰剪刀）

答：____

____

____

____

6. 有 10 个玻璃杯排成一行，左边 5 个内装有汽水，右边 5 个是空杯。现规定只能挪动两个杯子，使这排杯子实现实杯与空杯相交替排列。请问：如何移动那两只杯子？

答：____

____

____

7. 有一棵树，树下有一头牛被一根 2m 长的绳子牢牢地拴住了鼻子。牛的主人把饲料放在离树恰好 5m 之外就走开了，但牛很快就将饲料吃了个精光。请问：牛是怎么吃到饲料的？

答：____

____

____

8. 一只网球，使它滚一小段距离后完全停止，然后自动反过来朝相反方向运动。要求既不允许将网球反弹回来，又不允许用任何东西打击它，更不允许用任何东西把球系住。请问：该怎么办？

答：____

____

____

三、完成关于证实性偏见的小试验

下面两个试验为验证人们的证实性偏见的测试，请完成试验，并通过对比答案，审查自身证实性偏见的程度。最后，请列举学习和生活中常见的证实性偏见现象，并谈谈如何避免陷入证实性偏见。

试验一：四卡片选择作业

图 1－2 所示为四张卡片，每张卡片都是一面写有字母，一面写有数字。现提出命题：如果卡片的一面写有元音字母，则另一面写有偶数。请你思考，翻看哪些卡片可以判断这个命题的真伪。

E	F	4	7

图 1－2　四卡片

答：____

____

试验二：找寻数列的规律

有人以一定的规则构造一个数列。例如，数组 2、4、6 就属于这个数列。尝试举出其他由 3 个数构成的数组，向规则制订者展示并由其给出“对”或“错”的判断，次数不限。请问，你会举出哪些数组？

答：____

____

____

［资料来源：生活中典型的［证实性偏见］现象.知乎］

1. 学习和生活中常见的证实性偏见现象有哪些？

____

____

2. 结合实际，谈谈我们该如何避免陷入证实性偏见。

____

____

____

四、结合自身的学习和生活，向思维障碍发起挑战

1. 在学习中，随着学习经历的加深，你是否对曾经被认为是真理或权威的学说、观点、理论等产生怀疑，甚至是提出自己的见解？你是否会不带个人偏见地、多方位地进行学习和研究，从而得出具有自身思考的结论？请写下相关经历，并谈谈自己的感悟。

____

____

____

____

2. 在生活中，你是否会通过亲身实践去获取某一方面的认知？你是否会将独立思考的精神带入生活中，不随波逐流，不盲目从众？当周围人与你的想法不同时，你是否敢于提出自己的想法？请写下相关经历，并谈谈自己的感悟。

____

____

____

____

参考答案 1-6

环节一

参考答案 1-7

环节二

参考答案 1-8

环节三

实训六　拓展创新思维

实训目标

1. 掌握创新思维的类型及方法。
2. 学会运用创新思维解决实际问题。

实训环节

一、批判性思维训练

1. 运用批判性思维，完成下列操作

下面一段陈述中，前提性和结论性提示词已经给出。请将这段话的逻辑关系理顺，并用数字画出逻辑的结构图。

① 我们对动物有道德的责任，因为② 动物可以感受快乐和痛苦。我知道这一点，因为③ 动物表现出和人类相似的行为。因为④ 我们有责任增加快乐，减少痛苦。另外，⑤ 我们的生态系统对我们的生存至关重要。⑥ 我们有道德责任来保证我们自己的生存。所以，⑦ 我们对生态系统的重要组成部分也有道德责任。显然，⑧ 动物是我们生态系统的重要组成部分。

逻辑结构图为：

2. 分析下列命题，得出正确结论

命题一：说谎者悖论。

有 5 个句子：① 2+2=4，② 人是动物，③ 3+3=7，④ 雪是黑的，⑤ 这里面假句子比真句子多。请问：句子⑤究竟是真的还是假的？

A. 假的　　　　B. 真的　　　　C. 是真的，当且仅当它是假的

答：________________________________

命题二：美诺悖论。

古希腊有一个青年叫美诺。他曾向苏格拉底做出一个论证——研究工作不可能进行。他的论证结构如下：

① 如果你从事研究工作，那么，或者你知道你所要寻求的东西，或者你不知道你所要寻求的东西。如果你知道你所要寻求的东西，研究是不必要的。

② 你都已经知道要寻求什么了，那还有什么必要做研究呢？

③ 如果你不知道你所要寻求的东西，那研究是不可能的。因为你都不知道你要找什么，你怎么去找，这是不可能的。

④ 因此，研究或者不必要或者不可能。

⑤ 所以，你的研究或者没有必要进行，或者不可能进行。

这个论证成立吗？问题在哪儿？

答：________________________________

____

命题三：上帝和石头悖论。

① 如果上帝能够创造这样一块石头，那么他不是万能的，因为有一块石头他举不起来；

② 如果上帝不能创造这样一块石头，那么他不是万能的，因为有一块石头他不能创造；

③ 上帝或者能创造这样一块石头或者不能；

④ 所以，上帝不是万能的。

请问：这个推理能够证明上帝不是万能的吗？为什么？

答：______________________________

____

（材料来源：搜狐网）

二、求异思维训练

阅读并分析以下材料，谈谈你从中学到了什么。

材料一：某时装店的经理不小心将一条高档呢裙烧了一个洞，导致其价格一落千丈。而如果用织补法补救，也只能是蒙混过关，欺骗顾客。这位经理突发奇想，干脆在小洞的周围又挖了许多小洞，并精于修饰，将其命名为“凤尾裙”。一下子，“凤尾裙”销路顿开，该时装商店也因此出了名。由此可见，求异思维带来了可观的经济效益。另外，无跟袜的诞生与“凤尾裙”异曲同工。因为袜跟容易破，一破就毁了一双袜子。商家运用求异思维，逆向思考，成功试制无跟袜，从而创造了良好的商机。

材料二：传统的破冰船，都是依靠自身的重量来压碎冰块的，其头部都采用高硬度材料制成，而且设计得十分笨重，转向非常不便。因此这种破冰船非常害怕侧向漂来的流水。苏联的科学家运用求异思维，变向下压冰为向上推冰，即让破冰船潜入水下，依靠浮力从冰下向上破冰。新的破冰船设计得非常灵巧，不仅节约了许多原材料，而且不需要很大的动力，自身的安全性也大为提高。遇到较坚厚的冰层，破冰船就像海豚那样上下起伏前进，破冰效果非常好。这种破冰船被誉为“本世纪最有前途的破冰船”。

［资料来源：互联网］

1. 通过阅读上述材料，你认为求异思维具有哪些内涵？

____

____

____

2. 结合自身实际，谈谈在学习和生活中应该如何发挥求异思维。

____

____

____

____

三、发散思维训练

1. 托兰斯创造思维测试

托兰斯创造思维测验（the Torrance Test of Creative Thinking，TTCT）是由美国明尼苏达大学心理学教授托兰斯编制（1966），是目前应用最广泛的创造力测试。分为言语创造思维测验、图画创造思维测验、语音创造思维测验三部分。[①]图 1－3 所示为一个玩具象的设计草图，请尽可能多地列举出你能想象到的最巧妙、最有趣、最新奇的方法来改进这个玩具象，从而使儿童们更加喜欢。（不必考虑价格因素，只需考虑如何让玩具象更让人喜欢玩）

图 1－3　玩具象

____

____

____

____

____

2. 运用发散思维，解决问题

下列题目要求充分发挥你的发散思维，尽可能在规定时间内提出多而独特的答案。

（1）请写出你所能想到的带有“土”结构的字，写得越多越好。（5 分钟）

____

____

____

① 托兰斯创造思维测验［EB/OL］. 百度百科，（2018－01－08）［2018－05－18］. https://baike. baidu.com/item/托兰斯创造思维测验/8078528

（2）请列举砖头的各种可能用途。（5 分钟）

____

____

____

____

（3）请列举包含“三角形”的各种物品，写得越多越好。（5 分钟）

____

____

____

____

四、联想思维训练

1. 提高连线速度训练。

给定两个词或两个物，通过联想在最短时间内由一个词或物连接到另一个词或物。

例如：钢笔—月亮；钢笔—书桌—窗台—月亮

（1）猫—人 ______________________________

（2）茅草—西瓜 ______________________________

（3）算盘—地球 ______________________________

2. 运用联想思维，尝试设计新产品。

从下列给定的四样物品中找出联想的焦点，并利用焦点联想法设计一款椅子。请具体描述你的设计思路和产品细节。

钢材　　橡皮　　水　　豆腐

____

____

____

____

____

____

五、想象思维训练

以下这道题来自于托兰斯创造思维测验中对“假想”思维的测验。它要求通过合理的想象，推断出一种不可能发生的事件如若发生将会出现的各种可能影响和后果。图 1－4 所示为一种不可能的情形：云彩上系着许多绳子，绳子悬到了地面。请发挥你的想象力，猜想这将会导致什么后果或产生什么影响。想法越多越好，越新奇越好，请试想出其他人想不到的结果和影响。

图 1－4　云彩上系绳

六、灵感思维训练

阅读下列科学家或文学家对于灵感思维的阐述，谈谈你的见解。

灵感是在微不足道的时间里，通过猜测而抓住事物的本质联系。

——亚里士多德

在科学创造的过程中，从“经验材料”到提出“新思想”之间没有“逻辑的桥梁”，必须诉诸直觉和灵感。　——爱因斯坦

所谓数学发明无非是一种“选择”而已，而选择能力决定于数学直觉。由数学直觉导致的“最佳选择”便是顿悟（即灵感）。　——庞加莱

灵感是一种心灵状况。乐于接受印象，因而也乐于迅速地理解概念。

——普希金

1. 通过上述名人名言，并结合教材，你认为什么是灵感思维？

2. 上述言论中，强调了直觉和灵感对于科学发现的重要作用。你认为，灵感和逻辑具有什么关系？灵感思维又该如何激发？

____

____

____

____

七、“六顶帽”思维训练

运用“六顶帽”思维方法，根据六顶思考帽各自的应用范畴，尝试对“如何看待大学生网购热潮”进行分析，最后得出结论。

1. 蓝色思考帽：确定主题，聚焦分析重点。

你设定的分析议题及分析重点为：____

____

____

2. 白色思考帽：梳理关键事实、数据和资料等信息。

可通过设计问卷调查、查阅相关报告、走访相关人士等途径搜集资料。

你搜集的资料为：____

____

____

3. 红色思考帽：表达对大学生网购热潮的感性看法。

你的感性看法为：____

____

4. 黄色思考帽：通过综合客观事实，发现大学生网购价值。

你发现的大学生网购价值为：____

____

____

____

5. 黑色思考帽：分析大学生网购可能面临的问题和风险。

你认为大学生网购可能面临的风险为：________________________________

____

____

____

6. 绿色思考帽：针对黑色思考帽发现的问题，创造性地提出解决办法。

你所提出的解决办法为：____

____

____

____

7. 最后，通过上述分析，你得出什么结论？

____

____

____

____

参考答案 1－9

环节一

拓展阅读 1－10

创新思维实例

实训七　掌握创新方法

实训目标

1. 掌握创新方法的类型及内涵。
2. 学会运用创新方法解决问题。

实训环节

一、运用思维导图法分析问题

请根据步骤提示，尝试画出“企业预算管理”思维导图，要求尽量做到全面、准确，制图清晰、完整。

（1）从一种白纸的中心画图，周围留出足够的空白，保证你的思维向各个方向自由发散。

（2）在白纸的中心用一幅图像或图画表达你的中心思想。

（3）使用不同的颜色来区分不同的层面。

（4）将中心图像和主要分支连接起来，然后把主要分支和二级分支连接起来，再把三级分支和二级分支连接起来，以此类推。

（5）让思维导图的分支自然弯曲，不要画成一条直线。

（6）在每条线上写下关键词。

（7）自始至终使用图形表示。

你的“企业预算管理”思维导图为：

二、运用头脑风暴法分析和解决问题

以 5～10 人为一组，模拟开展头脑风暴法会议，根据提示的步骤，就“设计现代化城市的理想交通工具”展开讨论，并将最终讨论所得的方案记录下来。

1. 确定会议主题。

会议主题请围绕“设计现代化城市的理想交通工具”自行设计。

2. 敲定会议人选与主持人。

会议参与人员一般定为 5～10 人。在进行头脑风暴会议前，参与人员应首先对讨论的议题有所准备，并熟悉头脑风暴的基本原则。推选的主持人应十分熟悉会议流程，具备一定的会议组织和掌控能力，能够有效地控制和引导会议的进行。并能够充分调动参与人员的积极性，适时地激发其灵感。

3. 确定会议时间、地点。

会议时间应控制在1小时以内，过长的时间会导致思维疲劳。会议地点要利于所有人员的参与和发言，便于沟通。

4. 进行会前热身。

不宜一开始就进入讨论环节。这是因为多数情况下，参与人员缺乏参加头脑风暴会议的经验。主持人可以先向参与者说明会议主题和操作流程，保证会议的正常进行。同时，鼓励大家畅所欲言，对于能够有助于发挥创造力的尝试都予以肯定，从而形成良好的氛围。

5. 自由发言。

自由发言阶段也为畅谈阶段，在这一阶段中，参与人员应踊跃发言，不要怕自己的想法被否定。同时，切记不要只是围着一个方向发言，要充分发挥发散思维，尽可能多方位地、创造性地提出解决方案。

6. 对创意进行评价。

确定创意评价的标准，如可行性标准、经济性标准、效用性标准等。会议结束后，综合评议所有的解决方案，经过多次筛选之后，得出最佳的解决方案。

通过头脑风暴会议所得的方案为：____

____

____

____

____

____

拓展延伸

头脑风暴法的激发机理

（1）联想反应。联想是产生新观念的基本过程。在集体讨论问题的过程中，每提出一个新的观念，都能引发他人的联想。相继产生一连串的新观念，产生连锁反应，形成新观念堆，从而为创造性地解决问题提供了更多的可能性。

（2）热情感染。在不受任何限制的情况下，集体讨论问题能激发人的热情。人人自由发言、相互影响、相互感染，能够形成热潮，突破固有观念的束缚，最大限度地发挥创造性地思维能力。

（3）竞争意识。在有竞争意识情况下，人人争先恐后，竞相发言，不断地开动思维机器，力求有独到见解，新奇观念。

（4）个人欲望。头脑风暴法有一条原则，不得批评仓促的发言，甚至不许有任何怀疑的表情、动作、神色。这就能使每个人畅所欲言，提出大量的新观念。

三、列举法、组合法、移植法综训

1. 运用列举法列举生活中常见的一种物品的特征点，并基于此提出可能的改进方案。

例如，第一步：列举水壶的特征点。

（1）名词性特征：全体（水壶）、部分（壶身、壶盖、壶柄、壶口、壶底、蒸汽孔）、材料（不锈钢、铝质、铜质、搪瓷、陶瓷）、制造方法（焊接、冲压）。

（2）形容词特征：颜色（白色、银灰色、古铜色）、形状（圆形、方形、椭圆形）、性质（轻、重、大、小等）。

（3）动词特征：功能（装水、烧水、倒水、保温等）。

第二步：分析水壶的特征点，提出可能设想。

（1）壶口的长度要不要改变？可否适当加长？

（2）壶柄能否改用其他材质？什么样的材质不烫手？

（3）壶盖与壶身的连接结构能否改变，使得倒水时壶盖不会掉出而烫手？

（4）蒸汽孔装置能否改变位置？什么位置是最佳位置？

（5）壶底的材料和形状能否改变，以增加受热面积，提高热效率？

（6）壶身能否保温？怎样才能做到保温？……

____

____

____

____

____

____

2. 利用组合法设计一种形态悦人的家具，可将其拟人化。

以一事物为人体各部位的形状，其所属的各个子因素为：① 手的形状；② 嘴的形状；③ 耳朵的形状；④ 头的形状……另一事物为家具，其所属的子因素为：① 床；② 椅子；③ 花盆架；④ 桌子……可应用思维导图的方法将两事物的所有因素列出，然后进行组合。例如，一事物中的①与另一事物中的①、②、③依次组合，可得出手形的床、手形的椅子、手形的花盆架等；将一事物中的②与另一事物中的①、②、③组合，依次类推，从而产生大量的新设想。请写出你的组合创新方案，并具体说明创新过程。

____

____

____

____

3. 利用移植法改进产品。

晾衣架是生活中常见的一种家居产品，但普通的晾衣架通常较长，不便旅行携带。请列出常见的折叠产品或与折叠功能相似的事物，提出一个折叠式晾衣架的发明设想。

（1）折叠产品或与折叠功能相似的事物：

____

（2）你的创新设想是什么？请具体说明你的创新过程。

____

____

____

____

____

____

四、运用奥斯本检核表法分析产品

根据自身的兴趣和需要，选择一款典型产品。参照奥斯本检核表（表 1－11），补充完成表 1－12，从而破除旧的思维框架，提出新设想。

表 1－11　奥斯本检核表

检核项目	含　义
能否他用	现有的事物有无新的用途？是否有新的使用方式？改变现有使用方式有无其他用途
能否借用	能否引入其他的创造性设想？能否模仿其他的东西？能否从其他领域、产品、方案中引入新的元素、材料、造型、原理、思路、工艺
能否改变	能否改变功能、形状、颜色、样式、声音、气味、制造方法等？改变后效果如何
能否扩大	现有事物能否扩大适用范围？能否增加使用功能？能否添加部件？能否延长使用寿命，增加长度、厚度、强度、频率、速度、数量、价值
能否缩小	现有事物能否减少些什么？能否缩短、去掉、分割、减轻？能否浓缩化、密集化、省力化
能否代替	现有事物能否用其他材料、元件、结构、设备、方法、能源、过程等代替
能否调整	现有事物能否变换排列顺序、位置、时间、速度、计划、模式？内部结构可否变换
能否颠倒	现有事物能否从里外、上下、左右、前后、横竖、正负、主次、因果等方面颠倒过来用
能否组合	现有事物能否重新组合？能否进行原理组合、材料组合、部件组合、形状组合、功能组合、目的组合、物性组合等

表 1－12　利用奥斯本检核法对产品进行的检核结果

检核项目	创新设想
能否他用	
能否借用	
能否改变	
能否扩大	
能否缩小	
能否代替	
能否调整	
能否颠倒	
能否组合	

请根据你在表 1－11 中提出的创新设想，结合实际，对新设想进行进一步的分析和筛选，得出最具创造性和可行性的产品改进方案。

最终的产品改进方案为：________________________________

____

____

____

五、运用“和田十二动词法”进行创意设计

尝试应用“和田十二动词法”进行以下创新活动。

1. 运用“加一加”的方法设计具有新功能的书桌。

____

____

____

2. 运用“减一减”的方法设计一款新型耳机。

____

____

3. 运用“扩一扩”的方法设计具有多功能的自行车。

____

____

4. 运用“缩一缩”的方法设计一款椅子。

5. 运用“变一变”的方法设计一款新型暖水壶。

6. 运用“改一改”的方法设计一款新型笔。

7. 运用“联一联”的方法设计一款新型 U 盘。

8. 运用“学一学”的方法设计一款独具特色的衣服。

9. 运用“替一替”的方法设计一款新型电风扇。

10. 运用“搬一搬”的方法设计一款新型电灯。

11. 运用“反一反”的方法创新传统的销售渠道。

12. 运用“定一定”的方法制订员工管理手册。

____

____

____

____

六、运用 TRIZ 方法设计或改进产品

根据下列 TRIZ 理论应用的步骤提示，分小组进行产品的设计或改进。小组成员可根据自身的兴趣或实际需要，选择一款典型产品，对其进行功能的再设计或改进。

1. 小组成员选取的典型产品为：______________________________。

2. 描述上述产品。可从产品特征（形状、颜色、结构、材质、功能等），产品优缺点，产品使用方法及用途等方面展开描述。

____

____

____

____

3. 确定待设计或改进系统的主要功能。

____

____

____

4. 确定最终理想解（IFR）。

（1）设计的最终目的是什么？

____

____

（2）理想解是什么？

____

____

（3）达到理想解的障碍有哪些？

（4）障碍形成的原因有哪些？

（5）如何消除障碍？

（6）可利用的资源（材质、结构、方法等）有哪些？

（7）可用其他领域中的方法、原理、工具解决问题吗？若有，请具体说明。

5. 确定矛盾定义及创新原理。

（1）对原有产品所涉及的技术系统中的问题进行描述。

（2）分析上述问题属于技术矛盾还是物理矛盾。

物理矛盾是指对系统的同一个参数有不同的要求。例如，某一参数既必须存在，又不能出现；既要大又要小等。物理矛盾对应的解决方法为4大分离原理：空间分离、时间分离、条件分离、整体与部分分离。技术矛盾是指系统中参数的改变所引起的系统功能的变化。例如，在一个子系统中引入一种有用功能后，会导致另一个子系统产生有害功能或加强了已存在的有害功能。技术矛盾对应39个通用工程参数和40个发明创新原理。这是解决技术矛盾的关键，见表1－13、表1－14。

表1－13　39个通用工程参数

序号	名称	序号	名称	序号	名称
1	运用物体的重量	14	强度	27	可靠性
2	静止物体的重量	15	运动物体作用时间	28	测试精度
3	运动物体的长度	16	静止物体作用时间	29	制造精度
4	静止物体的长度	17	温度	30	物体外部有害因素作用的敏感性
5	运动物体的面积	18	光照度	31	物体产生的有害因素
6	静止物体的面积	19	运动物体的能耗	32	可制造性
7	运动物体的体积	20	静止物体的能耗	33	可操作性
8	静止物体的体积	21	功率	34	可维修性
9	速度	22	能量损失	35	适应性及多用性
10	力	23	物质损失	36	装置的复杂性
11	应力或压力	24	信息损失	37	监控与测试的困难程度
12	形状	25	时间损失	38	自动化程度
13	结构稳定性	26	物质或事物的数量	39	生产率

表1－14　40个发明创新原理

序号	原理名称	序号	原理名称	序号	原理名称	序号	原理名称
1	分割	11	预先应急措施	21	紧急行动	31	多孔材料
2	抽取	12	等势性	22	变害为利	32	改变颜色
3	局部质量	13	逆向思维	23	反馈	33	同质性
4	非对称	14	曲面化	24	中介物	34	抛弃与修复
5	合并	15	动态化	25	自服务	35	参数变化
6	多用性	16	不足或超额行动	26	复制	36	相变
7	套装	17	维数变化	27	廉价替代品	37	热膨胀
8	重量补偿	18	振动	28	机械系统的替代	38	加速强氧化
9	增加反作用	19	周期性动作	29	气动与液压结构	39	惰性环境
10	预操作	20	有效运动的连续性	30	柔性壳体或薄膜	40	复合材料

请根据上述对物理矛盾和技术矛盾相关知识的阐述，得出是物理矛盾还是技术矛盾，并对矛盾进行分析。

____

____

____

（3）利用矛盾矩阵表，查找推荐的创新原理有哪些？（矛盾矩阵表请自行上网查询对照，创新原理参见表 1－14）

____

____

（4）分析推荐的创新原理的可行性，并确定最终所需的创新原理。

____

____

6. 根据创新原理设计得出可能的方案。

____

____

____

7. 确定最终的理想解决方案，并进行说明。

____

____

____

拓展阅读 1－11

如何用好头脑风暴法

拓展视频 1－12

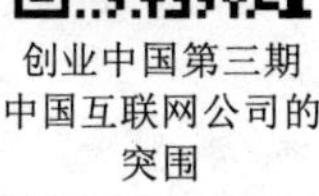

创业中国第三期中国互联网公司的突围

项目二
构建创业团队

实训一　撰写大学生创业生涯规划书

实训目标

1. 了解创业生涯规划书的书写内容和要求。
2. 学会分析自身优势及创业环境。
3. 学会根据自身实际，撰写创业生涯规划书。

实训环节

一、分析自身的创业价值观

按照不同的分类标准可以将创业者分为不同的类型。从创业的意图和动机来看，创业者主要分为以下 3 种类型：生存型创业者，即为生活所迫不得不开展创业行为的人群；变现型创业者，即将掌握的权力或资源利用市场关系实现变现的人群；机会型创业者，即掌握有一定机会和资源的创业人群。根据上述对于创业者类型的分类，请回答下列问题。

1. 你的创业动机是：____

____

____

____

2. 你的创业价值观是什么？创业对于你的人生发展具有怎样的价值和意义？

____

____

____

____

二、分析自身的性格特点，实现自我定位

我国心理学界将性格定义为：一个人经由生活经历所积累的稳定行为习惯倾向。[①]因此，了解自身的性格特点，对于创业生涯的决策具有重要意义。性格探索工具——MBTI（Myers-Briggs Type Indicator）是由布莱格斯（Katherine C. Briggs）和她的女儿（Isabel Briggs-Myers）根据瑞士心理学家荣格关于知觉、判断及心理的学说而研究发展的心理测评工具。经证明其信度和效度都比较高，因此被广泛应用。请首先参照 MBTI 划分的 4 个维度，对自身性格有一个大致的判断。然后，按照要求完成下列 32 道 MBTI 性格测试题，最终得出自身的性格特征。最后，根据自身性格特征，分析自己创业的优劣势，实现自我定位。

1. MBTI 的 4 个维度

MBTI 将一个人的性格类型及偏好划分为 4 个维度，每个维度均利用偏好二分法由两级组成。这 4 个维度分别为能量倾向维度，表示注意力的集中和活力来源情况（表 2–1）；接受信息维度，表示认识世界、获取信息的方式（表 2–2）；处理信息维度，表示判断、处理信息及做决策的方式（表 2–3）；行动方式维度，表示对待外界与处世的方式（表 2–4）。

表 2–1 能量倾向维度偏好二分法

外倾型（E）	内倾型（I）
注意力和能量主要指向外部世界的人和事，通过与人交往和行动获得活力	注意力和能量集中于自己的内心世界，通过对思想、回忆和情感的反思获得活力
与他人在一起时感到振奋	独自一个人感到振奋
希望成为注意的焦点	避免成为注意的焦点
先行动，再思考	先思考，再行动
喜欢边想边说出声	在脑中思考
易于被了解，愿与人共享个人信息	注意隐私，只与少数人共享个人信息
说的比听的多	听的比说的多
热情地交流	不把热情表露出来
反应迅速，喜欢快节奏	思考之后再反应，喜欢慢节奏
较之精深更喜欢广博	较之广博更喜欢精深

表 2–2 接受信息维度偏好二分法

感觉型（S）	直觉型（N）
用自己的五官来获取信息，喜欢收集实实在在的、确实已出现的信息，对于周围发生的事件观察入微，特别关注现实	通过想象、无意识等超越感觉的方式来获取信息，喜欢看整个事件的全貌，关注事件之间的关联，想要抓住事件的模式，特别善于看到新的可能性

① 王伶俐，丛海霞，黄霞.大学生创新创业教程.［M］北京：北京理工大学出版社，2017.

续表

感觉型（S）	直觉型（N）
相信确定而有形的事物	相信灵感和推理
喜欢具有实际意义的新主意	喜欢新主意和新概念只出于自己的意愿
崇尚现实主义与常识	崇尚想象力和新事物
喜欢运用和琢磨已有的技能	喜欢学习新技能，但掌握之后容易厌倦
留心特殊的和具体的事物，喜欢给出细节	留心普遍和有象征性的事物，使用隐喻和类比
循序渐进地给出信息	跳跃式地以一种绕圈的方式给出信息
着眼于现在	着眼于未来

表 2－3　处理信息维度偏好二分法

思考型（T）	情感型（F）
通过分析某一行动或选择的逻辑后果来做决定；会将自己从情境中分离出来，从正反两方面进行客观分析；通过分析和确认事件获得活力；目标是要找到一个能够应用于所有相似情景的标准或原则	喜欢考虑对自己和他人来说什么是最重要的；会在头脑中将自己放在情境所牵涉的所有人的位置并试图理解别人的感受，然后在此基础上根据自己的价值判断做出决定；从对他人表示赞赏和支持中获得活力；目标是创造和谐的氛围，把每一个人都当作一个独特的个体来对待
后退一步，客观地分析问题	向前看，关心行动给他人带来的影响
崇尚逻辑、公正和公平；有统一的标准	注重情感与和睦；看到规律的例外性
自然地发现缺点，有吹毛求疵的倾向	自然地想让别人快乐，易于理解别人
可能被视为无情、麻木、漠不关心	可能被视为过于情感化、无逻辑、脆弱
认为诚实比机敏更重要	认为诚实与机敏同样重要
认为只有合乎逻辑的情感才是正确的	认为所有的感情都是正确的，无论有意义与否
受获得成就欲望的驱使	受被人理解的驱使

表 2－4　行为方式维度偏好二分法

判断型（J）	知觉型（P）
喜欢将事情管理得井井有条，过一种有计划、井然有序的生活；喜欢做决定，完成后再继续下面的工作；生活通常会比较有规划、有秩序；喜欢把事情敲定下来，照计划和日程安排事情，并从完成任务中获得能量	喜欢以一种灵活、自发的方式生活，更愿意去体验和理解生活而不是去控制生活；面对详细的计划或决定会感到被束缚；愿意对新的信息和选择保持开放，知道最后一分钟；足智多谋，善于调节自己适应当前场合的需求，并从中获得能量
做完决定后感到快乐	因保留选择的余地而快乐
具有“工作原则”，先工作再玩	具有“玩的原则”，先玩再工作
确定目标并按时完成任务	当有新的情况时便改变目标
想知道自己的处境	喜欢适应新环境

续表

判断型（J）	知觉型（P）
着重结果	着重过程
通过完成任务获得满足	通过着手新事物而获得满足
把时间看成有限的资源，认真对待时间期限	把时间看成无限的资源，认为时间期限是活的

2. MBTI 测试题

下列为成对的 32 道测评试题，A、B 两个选项的相加总分为 5 分。请根据你对两个选项的同意程度，在 A、B 选项中分配这 5 分，且所给分数必须是整数。例如，A：3 分，B：2 分。最后，将计分结果填入表 2–5 中，综合得出你的性格特征。

① A. 了解了别人对问题的想法之后，才作出决定。
B. 不与他人协商，就自己作出决定。

② A. 被认为是有想象力或富有直觉的人。
B. 被认为是重视事实，讲求准确的人。

③ A. 根据个人感情以及对他人的了解，设身处地为人着想。
B. 根据现有客观资料对情况做系统的分析。

④ A. 如果有人愿意承担任务，那就顺其意愿来安排。
B. 力求任务明确，保证有人承担。

⑤ A. 愿意安静地思考问题。
B. 愿意与人们周旋、活跃，有干劲。

⑥ A. 习惯用所熟悉的有效方法把工作做完。
B. 设法用新的方法来完成工作。

⑦ A. 根据以往生活的经验和人们的是非观念，做出结论。
B. 不掺情绪地根据逻辑进行谨慎分析，最后做出结论。

⑧ A. 避免按照固有计划办事，不给事情规定最后期限。
B. 拟定时间表或计划表，并严格执行。

⑨ A. 遇到问题，不与别人沟通交流，喜欢独自承担或思考。
B. 喜欢和别人谈话或讨论，不愿独处或独自考虑问题。

⑩ A. 设想可能发生的情况，考虑可能实现的问题。
B. 按实际情况处理问题。

⑪ A. 被认为是一个重感情的人。
B. 被认为是一个爱思考的人。

⑫ A. 做决策前周密地考察事物，长时间从各个角度来考虑。
B. 收集所需信息，考虑一下后迅速而坚定地做出决策。

⑬ A. 拥有内在的思想和情感，而不为他人所知。
B. 常常和别人一道参加各项活动。

⑭ A. 喜欢抽象的、概括性的或理论性的论述。
B. 喜欢具体的或真实的叙述。

⑮ A. 帮助别人了解他们自身的情感。
B. 帮助别人做出逻辑的决策。
⑯ A. 不断地随现实的变化而寻找新的选择，改变原有选择。
B. 事先对问题的发展和变化有所了解并做出预料。
⑰ A. 很少表达自我内在的思想和感情。
B. 随时与别人沟通自己的思想和感情。
⑱ A. 惯于整体地看待事物。
B. 注重事物的细节。
⑲ A. 通过资料与数据、分析与推理来做出决策。
B. 通过常识和经验来做出决策。
⑳ A. 根据事情进展逐步制订计划。
B. 必要时，在行动前制订出计划。
㉑ A. 愿意结识新朋友、了解新事物。
B. 愿意独处或与熟悉的人在一起。
㉒ A. 注重印象。
B. 注重事实。
㉓ A. 信服可以证实的结论。
B. 信服通情达理的说法。
㉔ A. 尽可能多地在记事本上记录有关的具体情况。
B. 尽量不用记事本记录事情。
㉕ A. 在小组内充分地讨论一个未曾考虑过的新问题。
B. 自己先通过冥思苦想得出结论，然后再和别人交谈。
㉖ A. 准确地执行小心制订的详细计划。
B. 拟订计划，但不一定执行。
㉗ A. 被认为是感性的人。
B. 被认为是理性的人。
㉘ A. 在一时冲动之下，随意做出一些事情。
B. 事先清楚地知道自己所要做的事情。
㉙ A. 成为人们注意的中心。
B. 退居幕后，显得沉默寡言。
㉚ A. 有不与实际完全吻合的想象。
B. 查看实际的细节。
㉛ A. 乐于用理性来分析情况。
B. 乐于体验充满情绪的场景或讨论。
㉜ A. 按照安排好的时间开会。
B. 等一切就绪时开会。

表 2－5　MBTI 测评试题计分表

I		E		N		S	
题号	分数	题号	分数	题号	分数	题号	分数
1B		1A		2A		2B	
5A		5B		6B		6A	
9A		9B		10A		10B	
13A		13B		14A		14B	
17A		17B		18A		18B	
21B		21A		22A		22B	
25B		25A		26B		26A	
29B		29A		30A		30B	
合计		合计		合计		合计	
F		T		P		J	
题号	分数	题号	分数	题号	分数	题号	分数
3A		3B		4A		4B	
7A		7B		8A		8B	
11A		11B		12A		12B	
15A		15B		16A		16B	
19B		19A		20B		20A	
23B		23A		24B		24A	
27A		27B		28A		28B	
31B		31A		32B		32A	
合计		合计		合计		合计	

MBTI 测评方法的说明：在 MBTI 测评结果中，虽然每个维度表现为二分的两个偏好，但这种二分偏好并不是绝对的。同学们可根据表 2－5 的得分，相对地看待自身所处的维度偏好，对自身的性格特征作出合理的判定。

（1）自我创业的优势：____

____

____

（2）自我创业的不足：____

____

____

（3）根据对上述问题的回答，尝试对自身进行创业定位，并提出自身的提升方案。

三、分析创业环境

拓展阅读 2-1

MBTI 测试

创业环境是一个综合系统，是各种因素综合作用的结果。只有弄清自身在创业环境中的定位，分析环境的特点、要求、发展变化情况、有利与不利条件，对创业环境进行综合评价，才能准确评估出各种环境因素对于自身创业生涯发展的影响。全球创业观察（GEM）中国报告（2005）提出，从金融支持、政府政策、政府项目支持、教育与培训、研究开发转移、商业和专业基础设施、进入壁垒、有形基础设施、文化与社会规范 9 个方面来评价创业环境。[①]另外，创业环境还包括创业团队、资金支持、产品开发水平、市场运营等微观因素。

请根据上述内容，选取一个你比较感兴趣的创业领域，调查这个领域所面对的创业环境。可以通过查看政府工作报告、搜索相关企业官网、调查产品技术及开发者大会等途径进行调研。

四、选择创业路径

创业路径是大学生在对主客观条件进行分析、评定的基础上所确定的创业目标及方向。对于大学生来说，不同的创业路径决定了不同的创业生涯。例如，在校生可通过大学课堂、图书馆、大学社团掌握过硬的专业知识，锻炼扎实的实践能力。在此基础上充分利用高效的创业平台和资源，如大学生创新创业训练计划项目。另外，大学生也可通过升学深造或出国留学进一步积累创业所需的知识、能力与资源，或者，选择先就业再创业的路径。首先通过社会就业积累更多地社会经验、人脉资源及创业资金，然后在合适的时机下选择自主创业。

请根据上述内容，结合自身实际，谈谈你的创业路径选择。

① 创业环境［EB/OL］.百度百科，（2018–01–31）［2018–05–20］.htttps：//baike.baidu.com/item/创业环境/3244739?Fr=aladin

____

____

____

____

五、决策创业生涯

创业对于大学生来说，既是不断提升自我、实现自我的手段和机遇，也是不断克服自我、超越自我的考验和挑战。大学生在全面分析自我、了解创业环境、决定创业路径的基础上，要进一步进行创业规划。即把宏大的创业理想分解成若干个可操作实施的小目标，一步一步地实现创业理想。为避免创业计划不切实际，创业规划不宜过长，建议同学们首先做好 5 年以内的创业规划，这样既能较好地贴合实际，又能随着时间的增长和社会发展的变化灵活地进行调整，从而利于整个创业生涯的发展。

你的创业规划为：________________________________

____

____

____

____

实训二　创业者能力训练

实训目标

1. 了解创业者的素质要求。
2. 掌握使用问卷调查实施调研的方法。
3. 主动提升自身的创业者能力水平。

实训流程

一、通过问卷调查实施大学生创业者素质现状的调研

创业者素质是以人的先天禀赋为基础，在环境和教育的影响下形成和发展起来的、在创业实践活动中表现出来并相对稳定地发挥作用的身心组织要素的总称。具备良好的创业者素质是创业者能力提升的重要一环。通常，创业者素质包括心理素质、身体素质、知识素质、能力素质、创业精神等方面。因此，只有了解自身的创业者素质，才能够更好地提升自身的创业者能力。请同学们通过问卷调查的方式，调研大学生创业者素质的现状。

1. 设计大学生创业者素质调查问卷

通过上述对于大学生素质的描述，以及自主查找的资料，明确调查的目的和内容，并在此基础上设计编写调查问卷。调查问卷请以附件的形式提交。

2. 实施问卷发放，收集数据

可通过线上收集和线下发放的途径进行调查数据的收集。在线收集可通过问卷星、微信、QQ 等平台实现；线下收集可在一些人群密集的区域，如图书馆、自习室、宿舍等地实施问卷的发放和填写。

3. 整理和分析数据

这是实施问卷调查的关键一环。同学们可通过 Excel、SPSS 等数据处理软件，或采用问卷星自带的数据分析功能进行数据的整理和分析。数据统计和分析的结果请以附件的形式提交。

4. 总结调查结果

通过上述步骤的实施，从总体层面对大学生创业者素质的现状进行总结和分析。可从大学生创业者素质现状汇总、存在问题及改进建议等角度进行分析。

（1）你的调查结果是什么？

____

____

____

____

（2）通过本次调查，谈谈应如何提升自身的创业者素质。

____

____

____

____

二、测试你的创业能力

表 2－6 中所示的题目为创业能力测试的相关试题，请认真阅读题目，根据自身的实际情况和同意的程度，在 1～4 分（整数）之间进行评分，并将分数填写在“结果”一栏中。

表 2－6　创业能力测试表

序号	内　容	结果
1	曾经为了某个理想而设下两年以上的长期计划，并按计划进行直至完成	
2	在学校和家庭生活中，在没有师长和亲友的督促下自行完成分派的任务	

续表

序号	内　　容	结果
3	喜欢独自完成工作，并做得很好	
4	当与朋友在一起时，朋友常寻求你的指导和建议	
5	在你以往的经历中，有过赚钱和储蓄的经验	
6	能够专注地做自己感兴趣的事情连续 8 小时以上	
7	习惯保存重要资料，并对资料进行整理，以备需要时可以随时提取查阅	
8	在平时的生活中，关心别人的需要，并热衷于社会服务工作	
9	喜欢音乐、艺术、体育以及其他各种活动	
10	喜欢在竞争中生存	
11	在别人的管理下活动时，发现其管理方法不当时，会想出适当的管理方法并建议改进	
12	当需要他人的帮助时，会充满自信地提出要求，并且能说服别人来帮助你	
13	曾带动其他人员完成过一项由你领导的大型活动或任务	
14	在筹款或义卖时，会充满自信而不害羞	
15	在完成一项重要任务时，会给自己留出足够的时间仔细完成。决不虚度时间，在匆忙中草率完成	
16	有能力安排一个恰当的环境，使自身在工作时不受干扰，有效地专心工作	
17	会挑起责任的重担，彻底了解工作目标并认真地执行	
18	在学习和工作时，有足够的耐心和信心	
19	有良好的做计划和预算的能力	
20	在面临困难和风险时，能够沉着冷静地应对	
21	能够有效地识别机会，并在机会来临时果断地抓住机会做出决策	
22	自认为是理财高手	
23	可以为了赚钱牺牲自身的娱乐时间	
24	在学习或团体中，被认为很受欢迎	
25	在与人相处时，能够有效地避免不得罪他人	

你的评分为：____________________

评分结果分析及说明：

25～40 分：需要在他人的指导下创业，学习掌握创业所需的技能。

41～60 分：较为适合创业，需要在评分不高的试题中，找出自身不足并加以改进。

61～80 分：适合创业，要善于在创业过程中积累经验，成为成功的创业者。

81～100 分：有巨大的潜能，只要抓住时机，未来可能成为商业巨子。

评分说明：本次测试仅通过对创业者能力所涉及的几个方面进行简单测验，测试结果具有较大的相对性，而并非绝对。并且，大学生可通过多种渠道不断提升自身的综合素质和能力。因此，本次测试仅供参考。

三、阅读并分析

民营经济的代表——刘永好

刘永好出生于四川新津县的一个贫穷家庭，以至于在他20岁之前，竟没穿过鞋子。1982年，正当绝大多数人还在抱着“铁饭碗”吃得有滋有味时，年过而立之年的刘永好毅然辞去了来之不易且令人羡慕的政府部门公职，同兄弟四人卖废铁、手表、自行车、黑白电视，凑足了1 000元钱，下海自谋职业。当时，他选择的行当是别人不看好的农产品生产领域。他们从种植业、养殖业起步，创办“育新良种场”，开始了向土地要财富的道路。在接下来7年的时间里，他们筹办起一家小良种场，专门孵化小鸡和鹌鹑，公司几经风险，近乎绝望。兄弟四人曾经在“跳岷江”“逃新疆”“继续干”三条路中选择道路，最后咬牙选择了第三者。

1988年，刘永好到广州出差，偶遇广东农民排着长队购买泰国正大颗粒饲料，令他惊奇不已。回到成都后，他向几位兄长介绍生产猪饲料的前途。刘永好说：“四川是全国养猪大省，养猪是四川农村经济的重要来源。泰国正大的猪饲料动摇了我国落后的喂养结构，应该把目光放到更广大的市场上，去搞饲料、搞高科技全价饲料。”

于是，刘氏兄弟经过认真研究，决定放弃养鹌鹑而转产饲料，并作了详细的战略部署。刘氏兄弟将资金全部投入到这个项目中，并聘请30余名动物营养学专家重点攻关。1989年4月，公司自行研发的“希望牌”乳猪全价颗粒饲料问世，一下子打破了正大集团洋饲料垄断中国高档饲料市场的局面。1993年希望集团成立，刘永言为董事会主席，刘永行为董事长，刘永美为总经理，刘永好为总裁、法定代表。希望集团的诞生给刘氏兄弟的事业发展带来了无限生机。

邓小平同志南方谈话后，希望集团走出四川，先后在上海、江西、安徽、云南、内蒙古等二十几个省、市、自治区开展国有、集体、外资企业的广泛合作，迅速开拓了全国市场。1997年，正当成都的房地产业刚刚完成了第一轮开发的积累，开始对已有的产品进行检点与反省，并准备进入由卖方市场向买方市场转变的“微利”时代的时候，刘永好又一次抓住了机会，进入到房地产业。

“在最高潮，大家认为最好的时候，我们反而没有做。当然，没有挣钱也没有被套，我们抓住谷底攀升的时机，我们还要随着曲线上升。”——当别人开始纷纷感到房地产这碗饭越来越难吃的时候，刘永好却意识到机会的存在。经过两年的时间的论证，刘永好与房地产业的第二次握手取得了实质性成果：1998年，新希望成立了自己的房地产公司，在成都买下418亩地，进行规模房地产开发。但对于精熟于饲料业的刘永好来说，房地产开发毕竟是个全新的领域。刘永好坦言：“房地产是我不熟悉的，作为一个战略投资者，我需要了解熟悉房地产市场，逐步弄懂它。所以现在，我把本来用于打高尔夫球的时间用来把握房地产市场，这是个挑战。”幸好学习对于刘永好来讲并非难事，据说，他最成功的地方正是“学习”。他把自己的时间一分为三，1/3用来处理新希望集团内部关键性问题，1/3用来跟一流人才打交道并建立各方关系，另外的1/3用来学习和研究企业发展问题。而这一方法是他出国访问时学习吸收国外企业家的经验得来的。

刘永好有个随身带笔和笔记本的习惯。凡找人谈话或接受采访，只要对方说得有道理，他便记下来。正是这种勤奋与孜孜不倦的追求，使得新希望的房地产开发再一次取得了成功，锦官新城一问世，首期开盘三天之内就销售了1.4亿元，创造了成都房地产的奇迹。2000年，美国《福布斯》评定刘永好、刘永行兄弟财产为10亿美元，列中国大陆50名富豪第2位。这位曾赤脚走路的创业者，终于用他的勤奋和努力踩出了一条成功之路。

［资料来源：陈小凡. 赤脚首富刘永好.今日东方，2007（7）］

1. 阅读上述案例，谈谈刘永好创业成功的因素有哪些？其中，哪些是他的个人素质和能力？

____

____

____

2. 结合案例及自身实际，谈谈创业者应具备哪些创业能力。我们该如何培养和锻炼创业者素质和能力？

____

____

____

____

拓展阅读 2–2

大学生创业素质调研报告

实训三　模拟组建创业团队

实训目标

1. 了解创业团队的相关概念。
2. 掌握创业团队的组建流程。
3. 学会提高组建团队的能力和水平。

实训流程

一、阅读并分析

白手起家，从每一次失败中汲取经验

李强强，1990年出生，温州乐清人。浙江大学城市学院传媒学院会展经济与管理专业大四学生，杭州无懈可击网络科技有限公司创始人兼总经理。

刚进入大学，李强强便意识到人际交往的重要性。为了突破这一点，他加入了学生会公关部。经过一年的磨砺，李强强已经可以独自一人到校外拉赞助，可以与陌生人很好地沟通。后来，他创建自己的团队，在校外接活，不过，开拓业务不易，很多时候都以失败告终。2011 年暑假，李强强注意到电商企业的兴盛，便找到合作伙伴肖哲，两人联合创办了杭州无懈可击网络科技有限公司。

刚进市场时，李强强总是被轰出来，他知道，必须首先和商家热络起来。通过把自己当作客户，李强强签下了第一个客户。现在，公司股东从原来的 2 人增加到 4 人，正式员工已有 8 人，还有 10 多名兼职实习生。帮助服饰、箱包、小商品等领域的数十家客户实现了销售额大幅突破。

李强强通过自身的创业经历，体会到：90 后的创业，偏向移动互联网、新媒体、电子商务等更新速度快的新型行业。想要走得远，就要比别人想得多。我现在虽然谈不上有多成功，但取得的这一点点成绩，离不开整个团队。创业团队，贵在精，每个成员都身兼数职，优劣互补，缺一不可。创业，选好伙伴很重要！

［资料来源：搜狐资讯 2013 年 6 月 28 日］

1. 结合上述案例，你认为创业团队与一般团队的区别是什么？创业团队具有哪些特征？

____

____

____

2. 自主查找创业团队的类型，并结合上述案例，谈谈大学生创业应该选择什么类型的创业团队。

____

____

____

二、模拟组建创业团队

根据下述步骤的提示，分小组进行创业团队组建的模拟练习。

1. 明确创业目标

创业目标是创业团队在之后的创业过程中同甘共苦，共同完成具有挑战性的事业的凝聚力和驱动力。明确创业目标需要首先明确创业阶段的目标，即创业阶段的技术、市场、组织、管理等各项工作。

拟定的创业目标为：______________________________

____

____

2. 明确团队的具体工作

根据创业目标确定实现目标所需开展的具体工作。例如，创业目标为实现“农产品＋互联网”销售，那么，团队的具体工作应包括农产品采购、仓储管理、电商渠道构建、产品配送、客户服务（售前、售中、售后）、企业财务管理等。

拟定的团队具体工作为：＿＿＿＿＿＿＿＿＿＿＿＿＿＿＿＿＿＿＿＿＿＿＿＿＿＿＿＿＿＿

＿＿

＿＿

＿＿

3. 明确团队成员的权责划分

为保证团队成员合理地分工，开展各项工作，应预先在团队内部进行职权划分，具体明确每个成员的职责和相应的权限。例如，产品采购的工作应由采购人员来完成，采购人员应保证认真完成采购工作，出现问题应由其承担。

拟定的团队成员权责划分情况为：＿＿＿＿＿＿＿＿＿＿＿＿＿＿＿＿＿＿＿＿＿＿＿＿＿

＿＿

＿＿

＿＿

4. 构建企业制度体系

企业制度体系应包括约束制度和激励制度，对团队成员进行有效的控制和激励。约束制度主要包括组织条例、纪律条例、保密条例等，激励制度主要包括利益分配方案、奖惩制度、绩效考核、激励措施等。约束制度和激励制度可根据企业形式灵活调整。需要注意的是，创业团队的制度一经协商确立，应以规范化的书面协议的形式确定下来，以免带来不必要的混乱。

拟定的企业制度管理体系为：＿＿＿＿＿＿＿＿＿＿＿＿＿＿＿＿＿＿＿＿＿＿＿＿＿＿＿

＿＿

＿＿

＿＿

5. 招募团队成员

在完成上述奠基工作之后，便是进行团队成员招募了。招募团队成员是创业团队组建的关键一环。在进行招募时，既要保证上述工作的要求，又要考虑团队成员的互补性、协调性。一般认为，团队成员规模不宜过大，要控制在2～12人，以4～5人最佳。可通过网上招聘、发放传单、宣传介绍、组织招募会等途径进行招募。

拓展阅读 2-3

团队有效沟通的七大方法

6. 团队的调整融合

成熟运转的创业团队并非一经组建便能建立，很多时候要随着企业的生存发展而进行调整。创业团队是经过对问题的不断解决而获得成长的，而团队问题的暴露是一个动态持续的过程。因此，团队调整也是分阶段进行的动态过程。见表 2–7。

表 2–7　创业团队阶段及特征

阶段	特　　征
形成期	初步形成创业团队的工作部署、内部框架、工作机制
规范期	通过交流想法形成相对一致的团队目标、成员职责、流程标准等规范性制度
振荡期	隐藏问题暴露，公开讨论、有效沟通、改善关系、解决矛盾
凝聚期	形成团队文化以及更清晰合理的授权与权责划分
收获期	遇到挑战，提升团队效率以解决问题，取得阶段性成功
调整期	对团队进行调整，明确新阶段的目标、计划，优化团队规范

实训四　创业团队冲突管理

实训目标

1. 了解团队冲突的相关内容。
2. 掌握解决团队冲突的方法和技巧。

实训环节

一、了解团队冲突内容和类型的相关知识

通过图书查阅、上网搜索、实地走访等途径，了解创业团队在成长过程中所可能遇到的问题和冲突。可从多方面进行了解，例如，创业理念、素质能力、团队合作、认知与情感、利益分配等角度。

你了解到的创业团队常见的问题有：________________________________

____

____

____

二、阅读并分析

俞敏洪：破解组建核心创业团队之道

在“改变企业命运的商业模式公开课”上，新东方教育科技集团创始人兼董事长俞敏洪对创业初期如何组建核心团队发表了自己的看法。他分析表示，利益吸引人是很难的，而价值观和创业愿景，以及对于彼此间的尊重才是最大的吸引力。通过以下三点创业心得，俞敏洪表达了他对于创业团队组建和发展的看法。

第一，从包产到户到雄心壮志。

俞敏洪表示，在创业初期，环顾周围的老师和工作人员，能够成为其合作者的几乎没有。因此，他通过将方向瞄准大学同学来寻求团队成员。在说服这些大学同学加入他的团队时，俞敏洪作出了“绝对不雇佣大家，采取朋友合伙，成本分摊，包产到户的团队模式”的承诺，从而笼络了第一批创业团队成员。在谈到公司发展时期的三大内涵时，俞敏洪介绍说：一是治理结构，公司发展的时候一定要有良好的治理结构；二是要进行品牌建设，品牌建设不到位的话，公司是不可能持续发展的；三是利益分配机制一定要弄清楚，到第三步不进行分配是不可能的，人才越聚越多，必然会产生利益分配问题。

第二，改革改的不是结构而是心态。

俞敏洪讲到，新东方股权改革后，出现了两个问题。一是因公司上市的需要，原来可以全部拿回家的利润要以股权的形式留在公司；二是股权改革后，公司成员的利益合为一体，不再像之前那样是“包产到户”。面对这两个问题，俞敏洪采取了“给股份定价”的办法，即向员工提议，以每股一块钱的价格回收员工所持有的股份。这样一来，团队成员意识到自己所持有的股权是有价的，从而能够齐心协力地合作，将新东方壮大。

第三，股份比领导地位具有话语权。

俞敏洪通过讲述在创业初期，公司成员先是“罢黜”其董事长、总裁的领导地位，后又将其“请回”原位的经历，展现了企业内部的组织管理的不易。他表示，实行股份制之后，建立合理的员工股份持有结构，以及建立在此基础之上的员工组织结构，是企业发展壮大的一大关键环节。

在现代化的管理组织机构建立的过程中，作为创始人的决策能力必然会被越来越多的智囊所淡化，同事们的直言甚至可能伤害创始人的自尊。对此，领导者更应该加强与团队成员的相互了解，进行相互之间的学习和批评。另外，合理的、富有激励性质的组织结构和企业制度，也是团队获得成长的必备品。

［资料来源：《中国企业家》，有删改］

1. 阅读上述案例，谈谈俞敏洪是如何组建新东方的创业团队的。

____

____

____

2. 在企业成长过程中，俞敏洪是如何管理和调整团队的？

____

____

____

3. 结合上述案例，谈谈当创业团队产生冲突时，应如何应对和解决。

____

____

____

拓展阅读 2–4

如何加强团队合作

项目三

认识企业的法律形态与环境

实训一　选择企业法律形式

实训目标

1. 了解企业法律形式的内涵，学会对比分析不同组织形式的企业的优缺点。
2. 学会选择适合的企业法律形态。

实训环节

一、阅读教材相关内容，填写表 3-1

表 3-1　不同企业的法律形态表

项目 内容	个体工商户	个人独资企业	合伙企业	有限责任公司
法律依据				
法律基础				
法律地位				
责任形式				
业主要求				
注册资本				

续表

项目 内容	个体工商户	个人独资企业	合伙企业	有限责任公司
成立 条件				
出资 方式				
出资 评估				
财产 权性质				
出资 转让				
经营 主体				
事物 决定权				
利润 分配				
债务 责任				

二、对比分析不同企业组织形式的优缺点

根据环节一所掌握的不同企业的法律形态知识，尝试对不同企业组织形式的优缺点进行对比分析和总结。

1. 个体工商户的优缺点：____

____

____

2. 个人独资企业的优缺点：____

____

____

3. 合伙企业的优缺点：____

____

____

4. 有限责任公司的优缺点：____

____

____

三、选择适合的企业组织形式

为保证企业经营活动的有序进行，首先要选择适合的企业组织形式。企业组织形式的选择要根据自身创业的实际进行综合分析。在分析时，要考虑以下主要因素：企业规模；行业类型和发展前景；业主或投资者的数量；创业者的意愿（倾向于个人决策还是协商合作）；启动资金的规模；有无政策优势；企业的权利和义务等。在综合考虑上述因素的情况下，根据环节二所总结的不同企业组织形式的利弊，合理地选择适合的企业组织形式。

四、阅读并分析

瓦伦汀商店企业组织形式选择案例

马里奥·瓦伦汀拥有一家经营得十分成功的汽车经销商店——瓦伦汀商店。25 年来，瓦伦汀一直坚持独资经营，身兼所有者和管理者两职。现在他已经 70 岁了，打算从管理岗位上退下来，但是他希望汽车经销商店仍能掌握在家族手中，他的长远目标是将这份产业留给自己的儿孙。

瓦伦汀在考虑是否应该将他的商店转为公司制经营。如果他将商店改组为股份公司，那么他就可以给自己的儿孙留下一笔数目合适的股份。另外，他可以将商店整个留给儿孙们让他们进行合伙经营。为了能够选择正确的企业组织形式，瓦伦汀制定了下列目标。

（1）所有权。瓦伦汀希望他的两个儿子各拥有25%的股份。五个孙子各拥有10%的股份。

（2）存续能力。瓦伦汀希望即使发生儿孙死亡或放弃所有权的情况，也不会影响经营的存续性。

（3）管理。当瓦伦汀退休后，他希望将产业交给一位长期服务于商店的雇员乔·汉兹来管理。虽然瓦伦汀希望家族保持产业的所有权，但他并不相信他的家族成员有足够的时间和经验来完成日常的管理工作。

（4）所得税。瓦伦汀希望公司采取的组织形式可以尽可能减少儿孙们应缴纳的所得税。他希望每年的经营所得可以尽可能多的分配给商店里的所有人。

（5）所有者的债务。瓦伦汀知道经营汽车商店会出现诸如对顾客汽车修理不当而发生车祸之类的意外事故，这要求商店有大量的资金。虽然商店已经投了保，但瓦伦汀还是希望能够确保在商店发生损失时，他的儿孙们的个人财产不受任何影响。

［资料来源：互联网］

根据掌握的关于不同企业组织形式的相关知识，你认为该企业应采取什么样的组织形式？请针对瓦伦汀的目标具体进行分析，并尝试提出可能的改进意见。

参考答案 3–1

瓦伦汀商店企业组织形式选择

实训二　企业法律环境综训

实训目标

1. 了解企业的相关法律知识。
2. 学会运用掌握的法律知识分析实际情况。

实训环节

一、根据掌握的法律知识，判断正误

（1）公司可以设立分公司，分公司具有法人资格。（　　）

（2）专利权只能作为经济法律关系的内容，不能作为经济法律关系的客体。（　　）

（3）股份有限公司董事会的决议必须经出席会议的董事过半数通过。（　　）

（4）用人单位与劳动者建立劳动关系可以不订立书面劳动合同。（　　）

（5）谨慎性原则要求企业不得多计费用和负债，不得少计收益和资产。（　　）

（6）会计主体是法律主体，而法律主体不一定是会计主体。（　　）

（7）在同一企业中，由于采用的会计核算形式不同，核算的结果也不同。（　　）

（8）股东会会议的表决方式违反法律规定的，股东可以自决议作出之日起 30 日内，请求人民法院撤销。（　　）

（9）在我国设置外资金融机构，申请者应自接到中国人民银行批准文件之日起 30 日内，将筹足的实收资本或运营资本调入中国境内，并经中国注册会计师验证后，才能依法办理工商登记。（　　）

（10）中外合作经营企业的合作合同约定外国合作者先行回收投资，并且投资已经回收完毕的，合作企业期限届满不再延长。但是，外国合作者增加投资的，经合作各方协商同意，可以向审查批准机关申请延长合作期限。（　　）

二、根据掌握的法律知识，完成下列单选题

（1）甲公司租用乙公司的房屋，租期为 5 年，租金季付。租期届满，甲公司继续缴纳下一季度的租金，乙公司接受该租金。3 个月后，乙公司因将房屋出租给丙公司而通知甲公司立即搬出，为此引起纠纷。下列表述中正确的是（ ）。

A. 甲公司与乙公司双方没有续订合同，租赁关系消失

B. 乙公司接受租金，视为租赁合同续订 1 年

C. 在同等条件下，甲公司享有优先承租权

D. 甲公司与乙公司的租赁合同继续有效，但乙公司有权随时解除合同

（2）根据《合同法》的规定，下列各项中，出卖人应当承担标的物的毁损、灭失风险的是（ ）。

A. 标的物已运抵交付地点，买受人因标的物质量不合格而拒绝接受

B. 标的物已经交付，但出卖人未交付有关标的物的单证和资料

C. 出卖人按照合同约定将标的物置于交付地点，买受人未按约收取

D. 当事人没有约定交付地点并且标的物需要运输的，出卖人将标的物交付给第一承运人

（3）甲持有乙公司 34%的股份，为第一大股东。2007 年 1 月，乙公司召开股东大会讨论其为甲向银行借款提供担保事宜。出席本次大会的股东（包括甲）所持表决权占公司发行在外股份总数的 49%，除一名持有公司股份总额 1%的小股东反对外，其余股东都同意乙公司为甲向银行借款提供担保。根据公司法律制度的规定，下列说法中，正确的是（ ）。

A. 决议无效，因为出席股东大会的股东所持表决权数不足股份总额的半数

B. 决议无效，因为决议所获同意票代表的表决权数不足公司股份总额的半数

C. 决议无效，因为甲未回避表决

D. 决议无效，因为公司不得为其股东提供担保

（4）甲和乙出资设立一有限责任公司，公司章程未对股权转让作出规定。甲拟将所持公司股权转让给丙，并签署了股权转让协议。关于本次股权转让，下列表述中，正确的是（ ）。

A. 甲丙签订股权转让协议后，丙即取得股东资格

B. 甲向丙转让股权，无须征得乙同意，但应通知乙

C. 甲向丙转让股权，无须经过股东会决议

D. 甲应就股权转让事项，书面通知乙征求同意，乙自接到书面通知之日起满 30 日未答复的，视为不同意转让

（5）根据《合同法》的规定，可撤销合同的当事人行使撤销权的有限期限为（ ）。

A. 自合同签订之日起 1 年内

B. 自合同签订之日起 2 年内

C. 自知道或应当知道撤销是由之日起 1 年内

D. 自知道或应当知道撤销是由之日起 2 年内

（6）某有限责任公司的下列行为中，符合我国《公司法》规定的有（　　）。

A. 在法定会计账册之外另设会计账册

B. 将公司资金以个人名义开立账户存储

C. 股东会以财务负责人熟悉财务为由指定其兼任监事

D. 公司章程规定其董事每届任期不得超过 3 年

（7）甲、乙签订了买卖合同，甲以乙为收款人开出一张票面金额为 5 万元的银行承兑汇票，作为预付款交付于乙，乙接受汇票后将其背书转让给丙。后当事人因不可抗力解除该合同。下列关于甲的权利主张的表述中，符合票据法规定的是（　　）。

A. 甲有权要求乙返还汇票

B. 甲有权要求丙返还汇票

C. 甲有权请求付款银行停止支付

D. 甲有权要求乙返还 5 万元预付款

三、根据掌握的法律知识，分析题目

甲股份有限公司（以下简称甲公司）于 2017 年 2 月 1 日召开董事会会议，该次会议召开情况及讨论决议事项如下：

（1）甲公司董事会的 7 名董事中有 6 名出席该次会议。其中，董事谢某因病不能出席会议，电话委托董事李某代为出席会议并行使表决权。

（2）甲公司与乙公司有业务竞争关系，但甲公司总经理胡某于 2016 年下半年为乙公司从事经营活动，损害甲公司的利益，故董事会作出如下决定：解聘公司总经理胡某；将胡某为乙公司从事经营活动所得的收益收归甲公司所有。

（3）为完善公司经营管理制度，董事会会议通过了修改公司章程的决议，并决定从通过之日起执行。

［资料来源：互联网］

请根据上述情况和《公司法》的有关规定，回答下列问题：

1. 董事谢某电话委托董事李某代为出席董事会会议并行使表决权的做法是否符合法律规定？简要说明理由。

____

____

____

2. 董事会作出解聘公司总经理的决定是否符合法律规定？简要说明理由。

____

____

____

3. 董事会作出将胡某为乙公司从事经营活动所得的收益收归甲公司所有的决定是否符合法律规定？简要说明理由。

____

____

____

____

____

4. 董事会作出修改公司章程的决议是否符合法律规定？简要说明理由。

____

____

____

____

____

参考答案 3-2

环节一

参考答案 3-3

环节二

参考答案 3-4

环节三

实训三　企业工商行政登记及纳税实训

实训目标

1. 掌握工商行政登记的流程。
2. 掌握纳税知识，学会依法纳税。

实训环节

一、模拟练习企业工商行政和税务登记

根据国务院发布的《关于促进市场公平竞争维护市场正常秩序的若干意见》，我国自

2015 年 10 月 1 日起，实行营业执照、组织机构代码证和税务登记证三证合一制度。按照现行的法律法规，创业者注册新公司需要遵循一定的流程，并需要到相应的政府部门登记审批。请根据下述流程的提示，模拟练习企业工商行政和税务登记。

1. 确定股东人数及注册资本

根据《公司法》规定，投资者需要按照各自的出资比例，提供相关注册资金的证明。因此，首先要确定公司注册资本，公司注册资金的额度及全体投资人（股东）的投资额度。《公司法》规定，两人或两人以上有限公司注册资金最低为 3 万元；一人有限公司注册资金最低为 10 万元。

2. 公司核名

注册公司的第一步是进行公司名称审核。创业者需要通过市工商行政管理局进行公司名称的注册申请。在进行申请时，需要提供 2～10 个公司名称，并写明经营范围、出资比例。例如，北京（地区名）+某某（企业名）+贸易（行业名）+有限公司（企业类型）。

为避免重名，请同学们准备 5 个企业名称，填入表 3－2 中。

表 3－2　企业名称表

名称序号	企业名称
1	
2	
3	
4	
5	

3. 确定企业经营范围及项目

新创企业在进行工商行政登记时需要明确企业经营范围。根据行业情况及相应部门规定的不同，分为前置审批和后置审批。注意前置审批要谨慎选择，这些行业类目需要首先申请许可证，申请通过后工商局才会发执照。同学们可通过百度搜索工商部门许可的行业目录，请根据自身情况，确定 3 个公司经营范围，并填入表 3－3 中。

表 3－3　公司经营范围表

序号	经营范围	经营理由
1		
2		
3		

4. 确定企业注册地址

公司注册地址一般包括三种：写字楼、商业用房、居民楼。一般情况下，写字楼可以直接注册。在注册过程中需要提供产权证明的复印件加盖产权单位公章，在《企业设立登记申请书》经营场所页加盖产权单位公章，以及租赁人和业主或者物业签署的租赁协议原件。写字楼地址注册不需要特殊的程序。

商业用房注册要区分房屋用途。房屋产权证中房屋规划用途性质为商业的或办公用途的可直接进行注册。产权单位为小业主的，需要提供以下证明：房产证完整的一套复印件上每一页都由房屋所有权人签字，《企业设立登记申请书》经营场所页房屋所有权人签字，以及租赁人和业主签署的租赁协议原件。

居民楼又称民宅，即供人们居住的地方。根据政府已放宽的政策，可以用居民楼来申请注册地址。不过需要经过一整套的手续才可以获得居委会的盖章，注册程序较为烦琐。

5. 公司公章及企业章程备案

企业办理工商注册登记过程中，需要使用图章，并提供企业章程。图章需由公安部门刻出。企业用章包括：公章、财务章、法人章、全体股东章、公司名称章等。企业章程可找人代写，也可从工商局的网站上下载样本后进行相应的修改，并由公司所有股东签名。

6. 申请三证联办

三证联办包括工商营业执照、税务登记证、组织机构代码证，需要到工商局相关部门办理。企业应提供的材料包括：名称（变更）预先核准申请书原件；法人代表身份证原件及复印件；公司或企业章程原件及复印件；房产证明复印件，并加盖产权单位公章或产权人签字；内资申请书产权人签字或盖章；申请多证联办（三证合一）指定（委托）书；指定委托书等。

7. 办理税务登记证

根据《税务登记管理办法》（国家税务总局令）相关规定，新创企业应自领取工商营业执照之日起 30 日内申报办理税务登记，税务机关核发税务登记证及副本。企业办理税务登记证应提供的材料包括：工商营业执照或其他核准执业证件副本；组织机构统一代码证副本；经营场所权证及租赁合同复印件；法定代表人或负责人或业主的居民身份证、护照或者其他合法证件；验资报告及公章等。

二、根据掌握的纳税知识，判断正误

（1）增值税纳税人可以根据本企业的注册资金多少和实际经营规模的大小决定是否为一般纳税人。（　　）

（2）增值税一般纳税人将自产货物用于本单位搞职工福利的，虽未销售，但应视同销售货物计算销项税。（　　）

（3）不属于当期发生的增值税进项税一律不得在当期抵扣。（　　）

（4）纳税人采取销售折扣方式销售货物，只要将折扣额开具发票，均可按折扣后的净额计算缴纳增值税。（　　）

（5）增值税一般纳税人销售货物从购买方收取的价外费用，在征税时应视为含税收入。计算税额时应换算为不含税收入。（　　）

（6）营业税的纳税人是在我国境内提供应税劳务、转让无形资产或销售不动产的法人或自然人。（　　）

（7）营业税起征点的适用范围限于个人。（　　）

（8）纳税人以 1 个月或 1 个季度为一个纳税期的，自期满之日起 10 日内申报纳税。（　　）

（9）企业开发新技术、新产品、新工艺发生的研究开发费用，未形成资产计入当期损益的，在按规定据实扣除的基础上，按照研究开发费用的50%加计扣除；形成无形资产的，不得加计摊销。（　　）

（10）企业在纳税年度内发生亏损，则无须向税务机关报送预缴所得税申报表、年度企业所得税申报表、财务会计报告和税务机关规定应当报送的其他资料。（　　）

三、根据掌握的纳税知识，计算下列题目

（1）某汽车厂为增值税一般纳税人，2017 年 5 月销售小轿车 200 辆，不含税单价为 12 万元/辆。同时负责运输，取得运费收入 0.5 万元/辆。本月购进材料取得防伪税控系统开具的增值税专用发票，注明价款 300 万元、增值税 51 万元。本月取得相关发票均在本月认证并抵扣。请计算该汽车厂 2017 年 5 月份的应纳增值税税额。（一般纳税人的税率为 17%）

（2）某服装零售商店为小规模纳税人，2017 年 5 月份购进童装 200 套，六一儿童节前以每套 48 元的价格全部卖出，请计算该批童装的应纳增值税税额。（小规模纳税人的税率为 3%）

拓展阅读

税务登记证办理流程

如何办理税务登记证?首先营业执照法定人身份证原件及复印件两张,房屋出租合同复印件一份，营业执照副本或正本原件及复印件一份，到税局填写办理税务登记证表格（分为企业、单位、个体等），需缴付手续费（15～20 元）。现在的税务登记证是两本合为一本：地税及国税。

A. 个体工商户办理税务登记证流程

个体工商户如何办理税务登记证？根据《中华人民共和国税收征收管理法》第十五条的规定，“个体工商户（以下简称纳税人）自领取营业执照之日起 30 日内，持有关证件，向税务机关申报办理税务登记。税务机关应当自收到申报之日起 30 日内审核并发给税务登记证件。”

（1）纳税人到主管税务机关办税服务大厅领取并填写《税务登记表（适用个体经营）》1 份和《房屋、土地、车船情况登记表》1 份。

（2）纳税人应提供资料（见个体工商户办理税务登记证需提供以下证件和资料）。

（3）税务登记证收费标准。

税务登记证费用 10 元。

B. 单位纳税人办理税务登记证流程

（1）纳税人到主管税务机关办税服务大厅领取并填写《税务登记表（适用单位纳税人）》1 份（联合办证 2 份）和《房屋、土地、车船情况登记表》1 份（联合办证需提供 2 份）。

（2）纳税人应提供资料（见单位纳税人办理税务登记证需提供以下证件和资料）。

（3）纳税人办理业务的时限要求。

从事生产、经营的纳税人应当自领取营业执照，或者自有关部门批准设立之日起 30 日内，或者自纳税义务发生之日起 30 日内，到税务机关领取税务登记表，填写完整后提交税务机关，办理税务登记。

（4）税务机关承诺时限 提供资料完整、填写内容准确、各项手续齐全、无违章问题，符合条件的当场办结。

参考答案 3–5

环节二

参考答案 3–6

环节三

实训四　维护企业职工权益

实训目标

1. 了解企业职工权益的相关内容。
2. 学会维护企业职工的权益。

实训环节

一、阅读并分析案例

案例一：何某与刘某是某企业员工，何某于 2009 年 1 月与企业签订了为期 5 年的劳动合同，刘某于 2010 年 9 月与企业签订了为期 3 年的劳动合同，合同的试用期为 6 个月。何某因身体不适向企业提出调换工作岗位的申请，并提供了医院证明。刘某于 2011 年 1 月因喝酒在岗期间与同事打架，并将同事打伤。2011 年 2 月企业以何某不能胜任工作，刘某不符合录用条件为由解除了与何某和刘某的劳动合同。

案例二：周丽从四川进京打工，2011 年 8 月被一家个体餐馆招为厨房勤杂工，双方口头约定周丽每月的工资 2 500 元。另外，餐馆每天免费提供两顿饭，如发生其他费用，餐馆概不负责。2012 年 3 月，由于连日加班，周丽在切肉时不小心把左手食指切断，为接断指花去医药费 5 000 元。周丽同乡告诉她可以要求老板支付医疗费和营养补助费。周丽随后向老板提出医疗费和营养费请求，该餐馆老板拒绝了周丽的请求，并解雇了周丽。

［资料来源：百家号. 社会加油站 2017 年 11 月 10 日］

请根据《劳动法》的相关规定，分析上述两个案例中企业是否侵犯了员工的合法权益。

1. 案例一中企业是否侵犯了员工权益，请具体分析。

____

____

____

2. 案例二中企业是否侵犯了员工权益，请具体分析。

____

____

____

二、阅读并评析案例

案例一：张某于2014年8月入职某餐饮公司，从事后厨工作。双方订立了为期3年的劳动合同，约定其月工资为4 000元。同时，双方订立了一份《社保补偿协议》，约定因本人原因，张某不要求公司为其缴纳社保，公司将每月社保费用折现为500元支付给张某，张某自行承当放弃缴纳社保的相关法律后果等。工作至2016年7月，张某以公司未依法为其缴纳社保为由，提出解除劳动合同并要求支付经济补偿金及缴纳工作期间的社保。餐饮公司认为，张某本人自愿放弃缴纳社保，现在却反过来要单位为其缴纳社保，还要经济补偿金，其行为违背了诚信原则，故不同意支付经济补偿金。因发生争议，张某遂向某区仲裁委提出仲裁申请。

仲裁委审理后认为，张某与餐饮公司所订立的《社保补偿协议》违反法律的强制性规定，应属无效。后经过仲裁委调解，双方达成了和解协议，张某将每月所得500元社保补偿返还给餐饮公司，餐饮公司依法为张某补缴社保，并向张某支付部分经济补偿金。

案例二：周某于2013年7月15日入职某网络公司，从事软件工程师工作，双方订立了3年期限的劳动合同，约定周某的月工资为3万元。此外，双方订立了《保密及竞业限制协议》。在该协议中，双方约定，周某在工作期间及离职后，应当保守其所知悉的网络公司的商业秘密，且在离职后2年内，周某不得到生产或者经营同类产品、从事同类业务的有竞争关系的其他用人单位工作或提供劳务等。2016年7月14日劳动合同到期后，网络公司在支付给周某终止劳动合同经济补偿金后，与其终止了劳动关系。2017年3月，周某向仲裁委提出仲裁申请，要求网络公司支付2016年7月15日至申请当日的竞业限制经济补偿。

仲裁委审理后认为，网络公司与周某订立的《保密及竞业限制协议》虽未约定支付竞业限制的经济补偿金，但周某确实履行了竞业限制义务，网络公司仍需依照相关规定向周某支付相应的经济补偿金。

案例三：杨某系某超市员工，于2014年12入职，双方订立了为期3年的劳动合同，约定杨某的岗位为服装组组长，月工资为4 000元。超市制定的《商品定期盘点损耗标准及处理办法》中规定，损耗超过标准部分达0.30%以上的，超市可以与杨某解除劳动合同。

2016 年年终损耗盘点结果显示，杨某负责的服装部分超标 38.30%，纺织部分超标 3.72%，鞋帽服饰部分超标 1.26%，给超市造成的损失达 35 万多元。2017 年 1 月底，超市以杨某严重违反用人单位规章制度、严重失职给用人单位造成重大损失为由，与其解除了劳动合同。杨某不服，提出了仲裁申请，要求超市支付违法解除劳动合同赔偿金。庭审中，杨某称 2016 年的损耗有 27 万元是商品不合格及过期造成的，与其无任何关系，且不应计入损耗；剩余 8 万余元损耗属于正常丢失，所有门店服装类的损耗都是超标的，主要原因在于门店人员太少无法避免（丢失），且门店有防损员，在收货及收银时均有可能发生丢货，故其不应对损耗承担责任。超市则表示不清楚损耗具体发生的原因，只有门店具体操作人员才能知晓。

仲裁委审理后认为，虽然超市的规章制度中规定，损耗超过标准部分达 0.30%以上的，超市可以与杨某解除劳动合同，但超市店面发生商品损耗可能发生在诸多环节，如进库、出库、结账、顾客偷盗、内部盗窃等。杨某所在店面的商品损耗究竟在哪个具体环节、因何原因而产生，超市并不知情，且超市专门成立了防损部门，亦无有力证据表明是在杨某所能掌控的环节和范围内发生了损耗，故超市的解除行为缺乏充分的事实依据，应当向杨某支付违法解除劳动合同赔偿金。

［资料来源：搜狐网. 2017 年 7 月 20 日］

请根据相关法律法规，对上述两个案例的仲裁结果进行评析。

1. 对案例一的仲裁结果的评析：________________________________

____

____

2. 对案例二中仲裁结果的评析：________________________________

____

____

____

3. 对案例三中仲裁结果的评析：________________________________

____

____

____

参考答案 3–7

环节一

参考答案 3–8

环节二

项目四
评估创业市场

实训一　产生并分析创业项目

实训目标

1. 掌握识别创业机会的方法，确立创业项目。
2. 学会分析和评估创业项目。

实训环节

一、识别创业机会，确立创业项目

1. 激发并产生可能的商业创意

创业机会是指具有较强的吸引力、时效性、持久性的能够创造价值的有利于创业活动展开的机会。创业机会不等于商业创意，但却离不开商业创意。好的商业创意是打开“机会窗口”的第一步。激发商业创意的方法和途径有很多，例如，通过观察经济趋势、行业发展态势、技术进步情况、国家政策变化等趋势，发现可能的市场空隙；也可通过对地方企业的实地调查、了解某个产品的消费痛点、根据自身的兴趣和专长激发的创意等途径产生商业创意。另外，头脑风暴法，焦点小组访谈法，图书馆、网络研究等途径是激发创意必不可少的利器。请根据上述提示和自身实际，搜集可能的商业创意。

你搜集的商业创意有哪些？

____

____

____

____

____

2. 发现可能的创业机会

前面提到，商业创意不等同于创业机会。在搜集到可能的创意之后，还要对创意进行分析和识别，实现创意向机会的转变。创业者需要收集行业环境、竞争对手情况、目标消费人群、产品技术开发等方面的信息，发现有利的创业机会。另外，创业者还要综合考虑自身的实际情况，包括自身的素质和能力、资金支持、创业团队、创业资源等方面，得出可能的创业机会。

3. 深入调查创业环境

确定得出创业机会后，创业者还须对创业市场进行深入的调查和研究。通过现场观察、问卷调查、焦点小组访谈等形式对产品开发，消费群体（群体规模、消费偏好、购买力），市场竞争等方面进行深入的调查研究，并得出研究数据报告，全面考察创业机会的可行性。

4. 确立最终的创业机会

根据前面调查所得的成果，需要对创业机会所能产生的价值进行进一步研究，包括产品开发的技术要求、成本与收益评估、资金筹措评估、市场发展潜力等方面。并根据进一步研究所得的结论，对创业机会进行调整，最终产生得出创业机会，开始实施创业。

请根据上述提示以及前面所搜集的商业创意，确定一个你有兴趣深入发展的商业创意，并收集相关方面的信息，分析得出创业机会。

（1）确定的商业创意为：________________________________

____

____

____

（2）收集的相关信息为：________________________________

____

____

____

（3）对收集的信息进行分析，得出创业项目。

____

____

____

二、阅读并分析

格兰仕的企业家的机会感知能力与创新品牌战略

格兰仕的首次创业是在 1978 年，正值改革开放时期，国家出台了许多新的政策。当时物质短缺，只要能生产出产品，就不愁销路。格兰仕创始人感知到企业大有作为，于是抛弃铁饭碗，开始艰辛创业。1991 年，数千家羽绒厂家混战不休，恶性竞争非常激烈。集体企业的“大锅饭”并没有打破，缺乏相应的制度保障，无法应对未来的市场竞争。格兰仕创始人认为转产转制势在必行。格兰仕的第二次创业是在 1992 年。1992 年，格兰仕在日本市场上发现微波炉产品，感觉到这小东西有得做。当时，微波炉全国产量才 10 万台，只有 4 家企业在做，并且价格很高。格兰仕再一次决定转产转制，很快买进东芝生产线，同时到上海引才、借才，寻求技术支持。意识到“占领全球市场的唯一出路是掌握技术的高端领域，必须打造属于自己的一流技术”（朱月容、沈颖）。于是，格兰仕持续投资技术研发，最终能够向欧盟、美国以及日本等诸多跨国公司输出技术、核心零部件，并提供技术服务。20 世纪 90 年代初，国内巨大的微波炉市场潜力让格兰仕意识到天时、地利、人和已经具备，于是抓住机会，在自家门口建设自有品牌，不断推进格兰仕品牌的全球化和国际化。因此，格兰仕从一开始在帮助国外跨国公司做贴牌生产的时候就开始在国内积极地推行品牌战略。

［资料来源：杨桂菊. 代工企业转型升级的运作理念与资源整合：本土案例［J］. 2012（10）：106－115］

1. 上述案例中，格兰仕的企业家是如何识别创业机会并产生创业项目的？

____

____

____

____

2. 结合上述案例，谈谈大学生创业应如何识别创业机会。

____

____

____

____

三、分析和评估创业项目

创业机会和项目的评估有很多方法，同学们可通过图书查询、上网搜索自行搜集。本次实训主要通过贝蒂选择因素法和详细分析创业项目训练同学们分析和评估创业机会及项目的能力。

1. 使用贝蒂选择因素法评估创业项目的成功潜力

贝蒂选择因素法通过设定 11 个因素来对创业项目进行判断。如果创业项目只符合其中的 6 个或更少的因素，那么这个创业项目很可能不可行。相反，如果创业项目符合其中的 7 个或 7 个以上的因素，那么这个创业项目具有较大的成功潜力。请在环节一所确定的创业项目的基础上，分析这个创业项目的成功潜力，并将结果填入表 4－1 中。

表 4－1　贝蒂的因素法创业项目评估表

序号	选择因素	是/否
1	这个创业机会/项目现阶段是否只有你一个人发现了	
2	初始的产品生产成本是否可以承受	
3	初始的市场开发成本是否可以承受	
4	产品是否具有高利润回报的潜力	
5	是否可以预估产品投放市场和达到盈亏平衡点的时间	
6	潜在的市场是否巨大	
7	你的产品是否是高速成长的产品家族中的首个成员	
8	你是否拥有一些现成的初始用户	
9	是否可以预期产品的开发成本和开发周期	
10	是否处于一个成长中的行业	
11	金融界是否能够理解你的产品和顾客对它的需求	

你的创业项目符合的因素数为：________________

根据上表中的选择因素，你的创业项目需要进行哪些方面的改进？

____

____

____

____

____

____

____

____

2. 根据市场评估准则和效益评估准则对创业项目进行详细分析①

市场评估准则包括市场定位（定位是否明确、顾客需求分析是否清晰、顾客接触通道是否流畅、产品是否持续衍生等），市场结构（进入障碍、供货商、顾客、经销商的谈判力量、替代性竞品的威胁、市场内部竞争的激烈程度等），市场规模，市场渗透力，市场占有率，产品的成本结构（变动成本与固定成本的比重、物料与人工成本所占比重、经济规模产量的大小等）。

效益评估准则包括合理的税后净利（具有吸引力的创业项目至少能够创造 15%以上的税后净利），达到损益平衡需要的时间（应在 2 年以内达到），投资回报率（25%以上），资本需求，毛利率（理想的毛利率一般为 40%），策略性价值，资本市场活力，退出机制与策略。

请根据上述描述，以及自身查阅的相关知识，对环节一的创业项目进行市场评估和效益评估，并将结果填入表 4－2 中。

表 4－2　创业项目的市场评估和效益评估表

市场评估项目	评估结果
市场定位	
市场结构	
市场规模	
市场渗透力	
市场占有率	
产品的成本结构	
效益评估项目	评估结果
税后净利	
达到损益平衡所需的时间	
投资回报率	
资本需求	
毛利率	
策略性价值	
资本市场活力	
退出机制与策略	

拓展视频 4－1

俞敏洪励志演讲

拓展阅读 4－2

如何判断和选择创业机会

① 雷志辉.大学生创新创业［M］.上海：上海交通大学出版社，2016.

实训二　确定目标消费人群

实训目标

1. 了解目标消费人群的内涵。
2. 掌握收集消费者信息的方法。
3. 学会分析顾客的消费偏好。

实训环节

一、收集顾客的相关信息

了解和收集顾客信息是进行市场定位的重要一步。顾客信息的收集方法有很多，如观察法、访谈法、经验法、实验法、检索法、问卷调查法等。本实训主要通过问卷调查法训练同学们收集顾客信息的能力。请同学们根据自身的兴趣，选择一个创业领域，并按照下述步骤的提示，完成顾客相关信息的问卷调查。

1. 设计有关目标消费人群的调查问卷

通过图书查阅或上网搜索查找目标消费人群调研的相关知识，在此基础上，可围绕顾客基本信息、消费心理、消费行为偏好等方面设计调查问卷。在设计问卷时，调查者首先要对目标消费人群有一个大致的定位，尽可能地使问卷具备针对性。同时，要注意问卷的语言措辞要选择得当。请同学们以附件的形式提交设计的调查问卷。

2. 发放问卷，收集数据

问卷的发放一般有两种方式：在线发放和实地发放。在线发放可通过问卷星等问卷设计和发布平台，以及微信、微博、QQ 等工具进行分发。实地发放要根据所选择的创业领域，选择合适的发放地点。例如，服装领域可在服装店、百货商店等服装购买人群密集区进行发放。要注意，问卷的发放数量不宜过少，以保证数据的准确性。

3. 整理并分析数据

对经过步骤 2 所收集的数据进行整理和分析。可使用 Excel、SPSS 或者问卷星等自带的数据处理工具处理数据，得出统计结果，并对结果进行分析。统计所得的结果及对结果的分析请以附件的形式提交。

4. 总结调查结果

通过上述步骤的调查，得出目标消费人群的消费特征。分析你所选择的创业领域的产品和服务能否满足顾客的消费需求和行为偏好，在此基础上，尝试提出可能的改进方案。

（1）你选择的创业领域及产品或服务是什么？

____

____

（2）你的调查主题是什么？

____

____

____

（3）你的调查结果是什么？

____

____

____

____

（4）根据调查结果，你认为可以对产品和服务进行哪些改进？

____

____

____

____

二、利用马斯洛需求理论分析顾客信息

根据马斯洛需求层次理论（图 4-1），对环节一所调查的消费人群进行分析，确定目标消费人群的消费层次。可从保守消费型、追求温饱型、价值消费型、前卫消费型等消费类型进行分析。

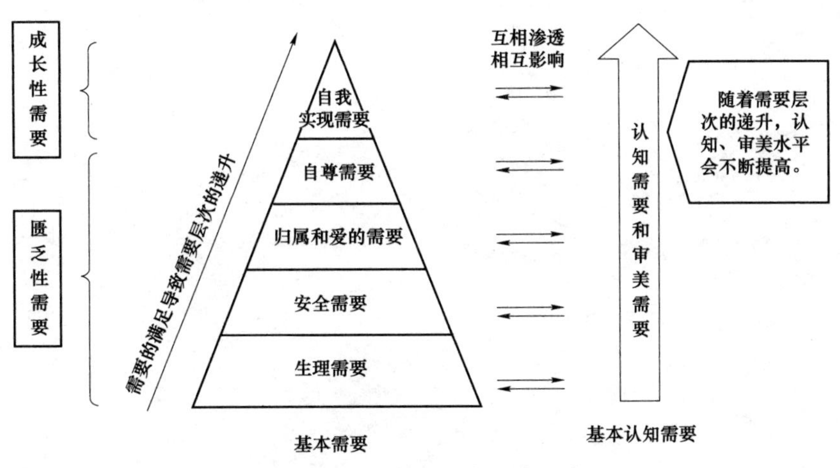

图 4-1　马斯洛需求层次理论

你的分析结果为：____

____

____

____

____

____

____

____

____

拓展延伸

如何分析目标消费群体

“目标”，通常是指在一定时期内人们想要达到的目的或预期结果。目标消费则指消费者有明确的消费目的和行为的消费。凡是目标明确的消费者群，由于购物前一般都经过深思熟虑，决心已定，因此其购物行为表现为：态度自信、目光直视欲购商品、注意力集中，并且挑选仔细、决定迅速。目标消费者的消费行为与其多方面的需要相联系，这些需要通常表现为以下四个方面。

（1）商品方面。消费者的需求是形形色色，五花八门的。但并非所有需求都能构成消费者有目的的消费。一般，能够满足消费者下述几方面需求的商品，容易使消费者在购物之前即产生明确的购物目标：① 有关吃、穿、住、行等最基本生活必需品，如粮、油、洗涤用品等；② 物质生活耐用消费品，如洗衣机、抽油烟机等；③ 精神生活耐用消费品，如彩色电视机、音响设备等；④ 文化生活需要用品，如学习用具、书本等；⑤ 社会生活需要用品，如婚姻、家庭、社交必要用品等。

（2）消费对象。目标消费属于理智性消费，主要在理智较强的消费者身上体现较明显。① 从年龄上看，中老年消费者和家庭主妇购物前容易形成明确的消费目标。这是因为老年人限于生理原因、体力限制；中年人由于事业和家庭的责任较重，因此与青年人比较购物频率较低，一般是根据需要抽空去购物，事先自然经过认真考虑。而家庭主妇虽然购物频率较高，但她们要操持全家人的生活，因此各项开支用度上计划性较强，其购物目的也比较明确；② 从职业上看，处于高智力、高职业层次的消费者，一般头脑较为冷静，购物过程中常常表现得比较理智，消费目标较为明确；③ 从经济状况上看，收入稳定的工薪阶层和低收入层的消费者，由于经济能力的限制，往往购物前要反复斟酌，量力而行，因此也具有明确的消费目的；④ 从性格特征上看，性格沉稳、安静、内向型消费者，购物活动中会产生较少冲动，一般是谋定而后动，属于目标消费对象。

（3）购物场所。在中小型商业设施中，由于经营规模小，商品品种、档次可挑选性差，消费者购物一般只图就近、方便，所以多数情况下只购买生活必需品，目标消费十分明确。而在大型综合商业设施中，情况则不同，消费者在这里购物不仅可选择性强，而且由于新产品和可替代产品种类繁多，诱惑力较强，因而还有可能使购物目标转移。

（4）消费意图。消费者的消费有个性消费和群体消费之分，但群体消费也是个性消费的组合。由于个性需求的多样性，决定了消费者的需求有时目标明确，而有时又具有很大的随意性。所谓随意消费，即没有明确目的，仅凭感觉、兴趣引起的冲动需求而产生的消费。这种随意消费产生迅速，消失也容易，有时甚至只在闪念之间。因此对商品经营者来说，捕捉随意消费是一大难题。一般说，目标消费者消费意图已明确，交易容易成功，但随意消费的消费意图却具有明显的不确定性，交易成功的概率则小得多，这也是构成商业劳动存在无效性特征的重要原因之一。然而随意消费又是经常的、大量存在的，它既可能迅速形成现实购买力，又可能成为未来潜在的购买力。因此，能否从这动态变化的消费行为中摸索出一些规律，指导经营，就直接关系到企业经营和市场开发效益。

拓展阅读 4－3

如何变随意消费为目标消费

实训三　分析竞争对手

实训目标

1. 掌握收集竞争对手信息的方法。
2. 了解波特五力模型的分析方法。
3. 学会应用波特五力模型分析行业的竞争环境。

实训环节

一、收集并分析所在行业中竞争对手的相关信息

在实训二所选择的创业领域的基础上，收集这一领域中竞争对手的相关信息，包括竞争对手企业的一般情况（竞争对手有哪些？产品和服务的价格、质量、销量如何？有哪些销售渠道？），竞争对手企业的经营特点（企业的组织结构、文化理念、营销方式、生产及技术等），竞争对手企业的市场容量（是否为上市企业？市场规模有多大？市场占有率为多少？市场渗透率如何？品牌效应如何？）等。同学们可通过网络搜索、实地考察，或收集周围人的意见等途径收集竞争对手企业的相关信息，并将收集来的信息进行整理。

1. 竞争对手企业的一般情况是什么？

2. 竞争对手企业的经营方式是什么？有哪些经营特色？

3. 竞争对手企业的市场容量如何？

4. 综合上述信息，分析竞争对手企业的优劣势。

5. 通过对竞争对手的了解，谈谈你应该如何经营自身的企业。

二、应用波特五力模型分析行业的竞争环境

1. 波特五力模型的概念

波特五力模型是迈克尔・波特（Michael Porter）于 20 世纪 80 年代初提出的用于分析行业中竞争环境的战略模型。它认为行业中存在着决定竞争规模和程度的五种力量。这五种力量综合起来影响着产业的吸引力以及现有企业的竞争战略决策。五力分别为：同行业

内现有竞争者的竞争能力、潜在竞争者进入的能力、替代品的替代能力、供应商的讨价还价能力、购买者的讨价还价能力。[①]波特五力模型的示意图如图 4－2 所示。

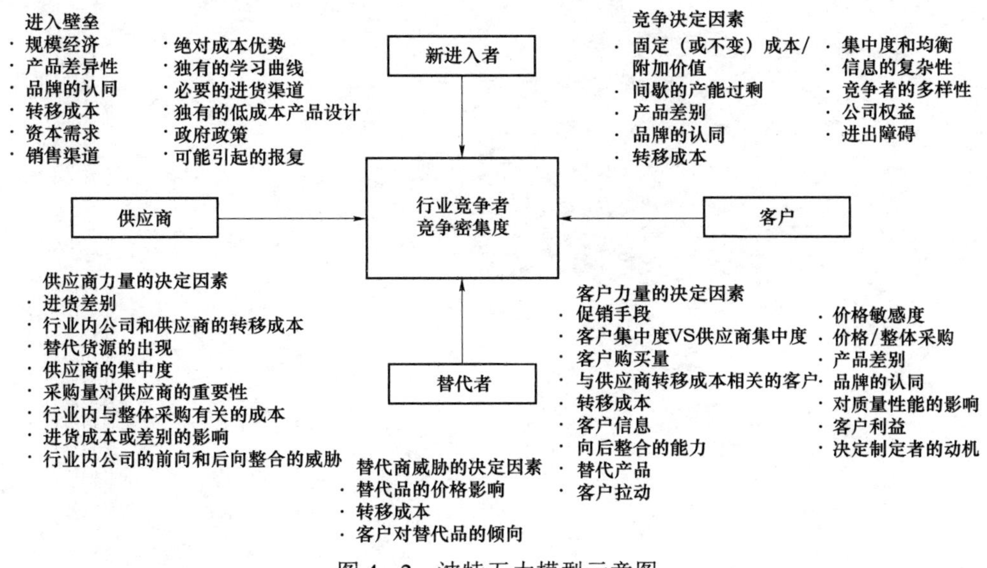

图 4－2　波特五力模型示意图

2. 运用波特五力模型分析你所在创业行业的竞争环境

根据上述对波特五力模型的介绍及通过环节一收集的竞争对手企业的信息，分析你所选行业的竞争环境，并将分析结果填入表 4－3 中。

表 4－3　波特五力模型行业竞争环境分析表

五力模型	分析结果
现有竞争者的竞争程度	
新进入者的威胁	
替代品的威胁	
供方讨价还价的能力	
买方讨价还价的能力	

① 波特五力模型［EB/OL］.百度百科，（2018－04－08）［2018－05－22］.https://baike.baidu.com/item/波特五力模型/9495965?fr=aladdin.

实训四　应用“4P”理论制订市场营销计划

实训目标

1. 了解营销“4P”理论的内容。
2. 学会应用“4P”理论制订营销计划。

实训环节

一、选定并分析产品

1. 分析产品特点

根据自身兴趣和专长，选择一款市面上已有的产品，对其的设计构思、功能特点、产品用途、附加价值、开发技术、生产制造、品质质量、需求定位等方面进行分析，并将分析结果填入表 4－4 中。

表 4－4　产品特点分析表

分析项目	分析结果
设计构思	
功能特点	
产品用途	
附加价值	
开发技术	
生产制造	
品质质量	
需求定位	

2. 分析产品的市场生命周期

根据产品的市场生命周期理论，调查上述产品的生命周期曲线，并将调查结果填入表 4－5 中。

表 4－5　产品生命周期表

时期	销售及利润情况
引入期	
成长期	
成熟期	
衰退期	

二、对产品进行合理定价

查询关于产品定价的方法策略，并据此尝试对环节一中选取的产品进行定价。

请通过图书查阅和网络搜索的途径查找产品定价的方法和策略，并分析每种方法和策略的优缺点。

1. 你查询到的产品定价方法和策略有哪些？

____

____

____

2. 上述定价方法和策略的优缺点是什么？

____

____

____

3. 根据上述查询的结果，尝试对环节一中所选取的产品进行合理的定价，并具体说明定价过程。

____

____

____

三、企业选址调研

1. 对比分析不同行业创业企业的选址差异

不同行业的企业在进行选址时考虑的因素各有不同。请同学们查阅相关资料，对比分析不同行业的企业在选址时要考虑的因素有哪些差异。并将结果填入表 4－6 中。

表 4－6　不同行业的创业企业选址差异表

行业类型	选址考虑因素
农、林、牧、渔业	
加工制造行业	
零售行业	
商务服务行业	
教育、文化行业	
仓储行业	

2. 选定创业行业，进行选址调研

根据上述对不同行业选址考虑因素的调查分析，拟定一个创业企业的经营范围，并就这一经营范围进行选址调研。调研时，可采用现场考察、网络搜索、咨询相关人士等方法。并将调研结果填入表 4－7 中。

表 4－7　选址调研表

经营范围	选址因素调研情况

四、设计推广促销方案

分小组进行促销活动策划和演练。请根据自身实际，选定产品或服务。并按照下述步骤的提示，针对小组选定的产品或服务进行促销活动方案的设计。

1. 明确活动目的

促销活动的目的会随企业的市场现状和经营状况而有所不同。例如，促销活动的目的有处理库存、提升销量；打击竞争对手、扩大市场占有率；新品上市；提升品牌认知度及美誉度等。请根据上述描述，确定促销活动的目的。

____

____

____

____

2. 确定活动对象

举办促销活动要明确活动针对的是目标市场中的每一个人还是某个特定群体；活动范围要控制在多大；哪些人是促销的主要目标，哪些人是促销的次要目标。

小组确定的活动对象为：______________________________

____

____

____

____

3. 设计活动主题

活动主题要根据上述两个步骤明确的事宜进行设计。设计时，要学会借力打力，例如，利用节日设计主题。另外，主题要淡化商业目的，用能够打动消费者的语言进行设计。

小组设计的活动主题为：____

____

____

____

____

4. 确定促销活动的方式和内容

活动的内容要依促销目的而行。常见的企业促销方式有活动赠券、赠送商品、有奖销售、明折优惠、以旧换新、限时特卖等。请针对你所选定的商品，选取合适的活动方式，并对活动内容进行具体描述。

____

____

____

____

____

5. 确定活动的时间和地点

选择得当的活动时间和地点会使促销活动事半功倍。一般，在选择活动时间时要本着尽量让消费者有空闲参与的原则，活动地点要尽量选在交通便利的地方。另外，活动持续时间不宜过短或过长，一般为3～5天。

6. 做好前期准备工作

前期准备工作包括人员安排和物资准备。在人员安排方面，要做好人员分工，保证“事事有人管”；在物资准备方面，要做到事无巨细，将活动所用到的每一个物品罗列出来。请根据提示，确定小组成员的分工以及物资清单。

____

____

____

____

____

7. 预算活动费用

促销活动是为了获取比平常更多的利益。因此，应对活动的投入和产出作出预算，保证活动能够有足够的资金支持，并能够获得预期的利益。

拓展阅读 4－5
如何做一个营销策划方案

8. 做好意外防范

促销活动在开展过程中可能会遭遇一些意外情况，如现场组织意外、天气意外等。因此，必须对可能出现的意外情况做必要的人力、物力、财力方面的准备。请根据小组成员设计的活动方案，列出可能出现的意外情况，并提出防范方案。

______

______

______

______

______

实训五　企业销售量预测训练

实训目标

1. 了解企业销售预测的影响因素。
2. 掌握销售预测的方法。

实训环节

一、拟建具有完整产品体系的创业企业

分小组拟建一个具有完整产品品类或服务的创业企业，小组成员可通过对同类企业的调查研究拟建创业企业。同时，须对拟建的创业企业有较为深入的了解，熟悉其业务流程和产品品类。

1. 小组拟建的创业企业的经营范围为：______

______

______

2. 拟建企业有哪些产品或服务？

______

______

3. 拟建企业的目标市场为：____

____

____

二、模拟预测销售量

根据教材提供的 5 种销售预测方法，列出拟建的创业企业一年的销售量预测清单，并将预测结果填入表 4－8 中。

表 4－8　销售量预测表

月份 / 金额 / 产品/服务		1	2	3	4	5	6	7	8	9	10	11	12	合计
销售数量														
平均单价														
月销售额														
销售数量														
平均单价														
月销售额														
销售数量														
平均单价														
月销售额														
合计	销售总量													
	总收入													

拓展阅读 4－6

企业如何做好
销售管理工作

项目五
预测启动资金

实训一　启动资金预测实训

实训目标

1. 了解启动资金的分类及包含的内容。
2. 掌握启动资金预测的方法。

实训环节

一、列出拟建企业的投资和流动资金清单

利用在项目四－实训五中拟建的创业企业，列出其所需的投资和流动资金清单。清单形式见表5－1。

表5－1　启动资金预测清单表

类型	项目	清单	费用/元
投资	企业用地和建筑		
	设备（根据拟建企业填写清单）		
	开办费		
投资总额			
	原材料和库存		
	促销费用		
	工资		
	租金		
	保险费		
	其他费用		
流动资产总额			

二、预算启动资金

通过实地考察、网络搜索、咨询相关机构或人士等途径，调查同类企业启动资金的费用情况。在此基础上，预算环节一所列清单的物品的具体费用，并将结果填入表 5－1 中的“费用”一栏。

拓展阅读 5－1

八条途径帮助估算创业启动资金

实训二　模拟撰写企业财务报表

实训目标

1. 了解企业财务报表包含的内容。
2. 学会填写企业财务报表。

实训环节

一、模拟预测企业利润表

利润表（Profit and Loss Statement/Income Statement）又称损益表、收益表，是反映企业在一定会计期间的经营成果的财务报表。常用的利润表格式有单步式和多步式两种。[①]本次实训主要通过模拟填写多步式利润表来训练大学生制作企业利润表的能力。

多步式利润表的编制步骤为：

（1）根据原始凭证登记总帐及明细账，并进行账账核对、账实核对及账证核对。

（2）据有关明细账户的发生额，计算并填列利润表营业收入的各项目。

（3）计算营业利润。营业利润以营业收入为基础，计算方法为减去营业成本、营业税金及附加、销售费用、管理费用、财务费用、资产减值损失，加上公允价值变动收益（减去公允价值损益）和投资收益（减去投资损失）。（若无财务费用、资产减值损失、公允价值变动收/损益、投资收/损益，可直接略过）

（4）计算利润总额。利润总额以营业利润为基础，计算方法为加上营业外收入，减去营业外支出，计算得出利润总额。（若无营业外收入/支出，可直接略过）

（5）计算净利润（或净亏损）。净利润以利润总额为基础，计算方法为减去所得税费用，计算得出净利润。

---

① 李海坡. 会计学原理［M］.上海：立信会计出版社，2007.

（6）检验利润表的完整性及正确性，包括表头部分的填制是否齐全、各项目的填列是否正确、各种利润的计算是否正确。最后请有关人员签字盖章。

请在项目四－实训五所拟建的创业企业，以及对其销售量与启动资金预测的基础上，根据上述步骤的提示，预测编制创业企业当期年度的利润表，并将结果填入表 5－2 中。

表 5－2　利润表

编制单位：　　　　　　　　　　　　　　　　　　　　　　年度：

项　　目	本年累计数/元
一、营业收入	
减：营业成本	
营业税金及附加	
销售费用	
管理费用	
财务费用	
资产减值损失	
加：公允价值变动收益（损失以“—”填列）	
投资收益（损失以“—”填列）	
二、营业利润	
加：营业外收入	
减：营业外支出	
三、利润总额（亏损总额以“—”填列）	
减：所得税费用	
四、净利润（净亏损总额以“—”填列）	

二、模拟预测企业资产负债表

资产负债表（Statement of Financial Position）又称财务状况表，表示企业在一定日期（通常为各会计期末）的财务状况（即资产、负债和业主权益的状况）的主要会计报表。① 资产负债表的填写方法如下：②

① 李端生.基础会计学［M］.北京：中国财政经济出版社，2014.

② 如何填写资产负债表. 江苏省财政厅，（2015－04－21）［2018－05－24］.

（1）根据总账科目余额填列。例如，“短期借款”“应付票据”“应付职工薪酬”等项目，根据“短期借款”“应付票据”“应付职工薪酬”各总账科目的余额直接填列；有些项目则需根据几个总账科目的期末余额计算填列，如“货币资金”项目，需根据“库存现金”“银行存款”“其他货币资金”三个总账科目的期末余额的合计数填列。

（2）根据明细账科目余额计算填列。例如，“应付账款”项目，需要根据“应付/收账款”和“预付/收账款”两个科目所属的相关明细科目的期末贷/借方余额计算填列。

（3）根据总账科目和明细账科目余额分析计算填列。例如，“长期借款”项目，需要根据“长期借款”总账科目余额扣除“长期借款”科目所属的明细科目中将在一年内到期且企业不能自主地将清偿义务展期的长期借款后的金额计算填列。

（4）根据有关科目余额减去其备抵科目余额后的净额填列。例如，资产负债表中的“应收票据”“应收账款”“长期股权投资”“在建工程”等项目，应当根据“应收票据”“应收账款”“长期股权投资”“在建工程”等科目的期末余额减去“坏账准备”“长期股权投资减值准备”“在建工程减值准备”等科目余额后的净额填列；“固定资产”项目，应当根据“固定资产”科目的期末余额减去“累计折旧”“固定资产减值准备”备抵科目余额后的净额填列；“无形资产”项目，应当根据“无形资产”科目的期末余额，减去“累计摊销”“无形资产减值准备”备抵科目余额后的净额填列。

（5）综合运用上述填列方法分析填列。例如，资产负债表中的“原材料”“委托加工物资”“周转材料”“材料采购”“在途物资”“发出商品”“材料成本差异”等总账科目期末余额的分析汇总数。

请在项目四－实训五所拟建的创业企业，以及对其销售量、启动资金、利润表预测的基础上，根据上述方法的提示，预测编制创业企业当期年度的资产负债表，并将结果填入表5－3中。（根据自身的创业企业所产生的项目实际填写）

表5－3　资产负债表

编制单位：　　　　时间：　　　　单位：元

资产	期初数	期末数	负债及所有者权益	期初数	期末数
流动资产：			流动负债：		
库存现金			短期借款		
银行存款			应付票据		
其他货币资金			应付账款		
短期投资			预收账款		
应收票据			预付职工薪酬		
应收账款			应付税金		
预付账款			其他应付款		
其他应收款			其他流动负债		

续表

资产	期初数	期末数	负债及所有者权益	期初数	期末数
存货			流动负债合计		
其中：原材料			非流动负债：		
在产品			长期借款		
库存商品			长期应付款		
周转材料			其他非流动负债		
其他流动资产			非流动负债合计		
流动资产合计			负债合计		
非流动资产：					
固定资产原价					
减：累计折旧					
固定资产净值					
在建工程			所有者权益：		
无形资产			实收资本		
减：累计摊销			盈余公积		
其他非流动资产			未分配利润		
非流动资产合计			所有者权益合计		
资产合计			负债及所有者权益合计		

三、模拟预测企业现金流量表

现金流量表（Statement of Cash Flows）是反应一定时期内（如月度、季度或年度）企业经营活动、投资活动和筹资活动对其现金及现金等价物所产生影响的财务报表。①

编制现金流量表最简单的方法为：通过明确经营活动、投资活动、筹资活动等活动款项的账目明细，计算填列现金流量表。具体形式见表 5-4。请同学们在项目四-实训五所拟建的创业企业，以及编制的利润表、资产负债表的基础上，根据表格内容的提示，预测编制创业企业当期年度的现金流量表，并将结果填入表 5-4 中。

① 李端生.基础会计学［M］. 北京：中国财政经济出版社，2014.

表 5－4　现金流量表

编制单位：　　　　　　　　　　时间：　　　　　　　　　　单位：元

项　　目	本月累计	本年累计
一、经营活动产生的现金流量		
销售商品、提供劳务提供的现金		
收到的税费返还		
收到其他与经营活动有关的现金		
购买商品、接受劳务支付的现金		
支付给职工以及为职工支付的现金		
支付的各项税费		
支付其他与经营活动有关的现金		
经营活动产生的现金流量净额		
二、投资活动产生的现金流量		
收回投资收到的现金		
取得投资收益收到的现金		
处置固定资产、无形资产等收回的现金净额		
收到其他与投资活动有关的现金		
构建固定资产、无形资产和其他长期资产支付的现金		
投资支付的现金		
支付其他与投资活动有关的现金		
投资活动产生的现金流量净额		
三、筹资活动产生的现金流量		
吸收投资收到的现金		
取得借款收到的现金		
收到其他与筹资活动有关的现金		
偿还债务支付的现金		
分配股利、利润或偿付利息支付的现金		

续表

项　　目	本月累计	本年累计
支付其他与筹资活动有关的现金		
筹资活动产生的现金流量净额		
四、汇率变动对现金及现金等价物的影响		
五、现金及现金等价物净增加额		

拓展阅读 5-2

企业财务分析的基本方法

拓展阅读 5-3

贵州茅台 2016 年年度报告

项目六
撰写创业计划书

实训一　典型商业模式分析

实训目标

1. 了解商业模式的内涵及分类。
2. 学会分析不同商业模式的优缺点。
3. 学会选择适合自身创业项目的商业模式。

实训环节

一、对比分析不同商业模式的特点及优劣势

请根据教材或网络资料，对表 6－1 中所示的典型商业模式的特点及优缺点进行对比分析，并将结果填入表 6－1 中。

表 6－1　典型商业模式的特点及优缺点对比表

商业模式	特点	优势	劣势
长尾式商业模式			
多边平台式商业模式			
免费式商业模式			
开放式商业模式			

二、应用商业模式画布评估典型企业的商业模式

在环节一的分析结果基础上，选取一家具有代表性的企业，利用商业画布工具分析这家企业的商业模式，并将结果填入表 6－2 中。

表 6－2　典型企业商业模式分析表

项目	分析结果
客户细分	
价值主张	
渠道通路	
顾客关系	
收入来源	
核心资源	
关键业务	
重要合作	
成本构成	

三、阅读并分析

阿里巴巴——网上交易，网下配送

阿里集团由5个核心业务子公司组成，分别是：阿里巴巴B2B公司、淘宝网（淘宝网＋天猫＋阿里妈妈）、支付宝、阿里云（原阿里软件＋阿里巴巴集团研发院＋B2B与淘宝的底层技术团队）、中国雅虎（中国雅虎＋口碑网）。阿里巴巴B2B、淘宝网、天猫网分别占据了B2B、C2C、B2C国内的龙头，解决了信息流的问题。支付宝是目前国内第一的第三方支付平台，解决了资金流的问题。阿里云在阿里巴巴庞大的用户群的基础上做增值服务，开拓新的业务，同时从技术上保障信用评价机制。中国雅虎凭借其搜索技术，为淘宝的垂直搜索、商业搜索奠定良好的基础。2011年年初，阿里巴巴宣布进军物流行业，首期联合金融合作伙伴投入200亿～300亿元人民币在物流的重要环节仓储上。

阿里巴巴并没有盲目地将利润来源定位于广大网络受众，而是着眼于国内数量众多的中小企业。将自身的道路规划为从信息流入手积累客户资源，绕开物流，前瞻性地观望资金流，并在适当时机介入支付环节。在实施的过程中敏锐地捕捉新的收入机会，不断拓展业务范围。正是基于这样准确的市场定位与务实的运作，阿里巴巴迅速扩展了自己的业务群，成为全球最大的B2B电子商务公司。

综观阿里巴巴的发展历程，在其“跳跃式”的发展过程中不断进行着商业模式的创新。科学的市场定位是商业模式创新的基石，是创造顾客需求的源头。阿里巴巴主打中小企业这张牌，以满足中小企业需求为出发点，帮助中国企业实现全球采购，为世界中小企业搭建全球贸易的网商平台。同时，阿里集团不断拓展新的业务网，由阿里巴巴的B2B平台向淘宝网的B2C、天猫网的B2C商业模式前面拓展，并以支付宝第三方支付平台作为安全支付的强大保障，从而掌控了各种关键的资源和能力，驱动企业发现衍生和延伸的各种增值服务。由增值服务形成可持续发展的现金流，不断创造企业价值，打造难以被竞争对手模

仿和复制的商业模式。

［资料来源：晌熙. 现代企业文化·综合版. 2014：（01）］

1. 阅读上述案例，分析阿里巴巴是如何进行市场定位的。

2. 分析阿里集团的业务系统及其关键业务。

（1）阿里集团由哪些业务构成？

（2）阿里集团的业务合作伙伴及其扮演的角色是什么？

（3）阿里集团的关键业务、关键资源与能力是什么？

3. 结合案例及相关查询，分析阿里集团的盈利模式。

4. 分析阿里集团的成长历程，并谈谈你的感想。

拓展阅读 6－1

创业者如何选择商业模式

实训二　撰写企业营销策划方案

实训目标

1. 了解 STP 理论的相关内容。
2. 了解企业营销策划方案的内容。
3. 掌握撰写企业营销策划方案的方法。

实训环节

一、拟建具有完整产品体系的创业企业

根据自身的兴趣、专业和实践，模拟建立一个具有完整公司背景和产品体系的创业企业。可参照项目四－实训五所拟建的创业企业，确定公司的经营范围、企业组织、业务体系和产品规划。

你拟建的创业企业是什么？请具体描述。

____

____

____

____

二、运用 STP 理论明确创业企业的目标市场及市场定位

1. 确定企业的细分市场

消费市场的细分标准通常概括为地理因素、人口统计因素、心理因素和行为因素四个方面。请根据这四个方面的具体内容，对创业企业的细分市场进行确定和划分，并将划分结果填入表 6－3 中。

表 6－3　创业企业细分市场结构表

细分标准	市场结构
地理因素	
人口统计因素	
心理因素	
行为因素	

2. 明确企业的目标市场

目标市场的选择和确定基于对于细分市场的评估。在此基础上，选择最具吸引力或最符合企业营销战略目标的细分市场作为目标市场。请根据贝斯特（Roger best）建议的市场细分步骤，评估和选择市场细分方案的有效性，并将结果填入表 6－4 中。

表 6－4　市场细分步骤

步骤	评估结果
基于需要的细分	
细分市场的识别	
细分市场的吸引力	
细分市场的盈利性	
细分市场的定位	
细分市场的“最后考验”	
营销组合战略	

根据上述对细分市场的评估，具体阐述你的创业企业的目标市场选择方案。例如，是覆盖整个市场，还是选择多元细分市场，抑或是专注于单一细分市场。

____

____

____

____

3. 进行企业的市场定位

市场定位包括产品定位、品牌定位、竞争定位和消费人群定位。请根据这四方面的具体内容，对创业企业的市场定位展开具体描述，并将结果填入表 6－5 中。

表 6－5　企业市场定位表

定位项目	项目描述
产品定位	
品牌定位	
竞争定位	
消费人群定位	

三、制订创业企业的营销管理方案

在确定企业的目标市场和市场定位的基础上，制订企业的营销管理计划与方案，包括产品线管理方案，产品定价策略，销售渠道管理计划，产品促销计划与方案，广告、公共关系管理方案等。请根据项目四－实训四的相关实训内容以及对相关资料的查询，模拟制订创业企业的一系列营销管理方案，并将结果填入表 6－6 中。

表 6－6　企业营销管理方案表

营销管理项目	方案详情
产品线管理	
产品定价策略	
销售渠道管理	
产品促销计划及方案	
广告宣传策略	
公共关系管理	

四、拟定企业的销售队伍管理方案

销售队伍要配合企业营销部门制订的营销方案展开具体的销售活动，是企业落实营销方案的重要一环。销售队伍的管理包括制订销售队伍目标、确定销售队伍的规模和成员结构、挑选和培训销售代表、设计销售队伍薪酬机制、评估销售人员工作绩效等。请根据自身创业企业的具体情况，拟定企业销售队伍的管理方案。

拟定的销售队伍管理方案为：____

____

____

____

五、预估企业的财务损益

企业财务损益预估即在营销方案展开之前，预估产品的销售量、销售费用、管理费用、财务费用等，并在此基础上预估企业的税前利润，得出企业财务损益情况。同学们可根据项目四、项目五的相关实训内容，预估创业企业的财务损益。

拓展阅读 6－2

如何编写营销策划书

拓展阅读 6－3

市场营销计划书范文

实训三　模拟撰写创业计划书

实训目标

1. 了解创业计划书的包含内容。
2. 学会撰写企业创业计划书。
3. 锻炼表达能力，掌握演讲和路演的技能。

实训环节

一、选定创业项目，拟建创业企业

在老师、学长学姐、相关认识到的指导下，选择适合大学生的创业项目，并选定合适的小组成员，模拟组建创业团队。在团队成员的分工合作下，综合考虑行业环境、市场、产品、风险、投资收益等因素，组建具有完整背景和产品体系的创业企业。（建议同学们参照或使用前面拟建的创业企业）

二、模拟撰写创业计划书

根据创业计划书的书写格式和内容要求，以及前面的实训内容，模拟撰写创业计划书。撰写过程中，邀请老师和相关人士指导，力求创业计划书的完善。更多资料可参考“挑战杯”创业计划竞赛官方网站（http://www.tiaozhanbei.net）。

三、制作并展示创业计划书 PPT

将撰写完成的创业计划书制作成 PPT。在制作 PPT 时，要注意重点突出、图文得当、便于他人观看和理解。PPT 的字数不宜过多，能够以图表表示的不以文字表述。创业计划书的 PPT 应重点突出市场分析、商业模式、盈利方式、产品/服务特色、风险预测以及财务预测等。

在进行 PPT 的展示前，选定演讲人员进行创业计划路演。演讲人员在进行路演时，要做到能够迅速吸引观看人员的眼球，突出项目优势，用通俗易懂、合理得当的语言进行表述。切记不要照念 PPT，演讲时面对观众而不是屏幕。简而言之，在进行路演时，要讲好几个方面，见图 6－1。

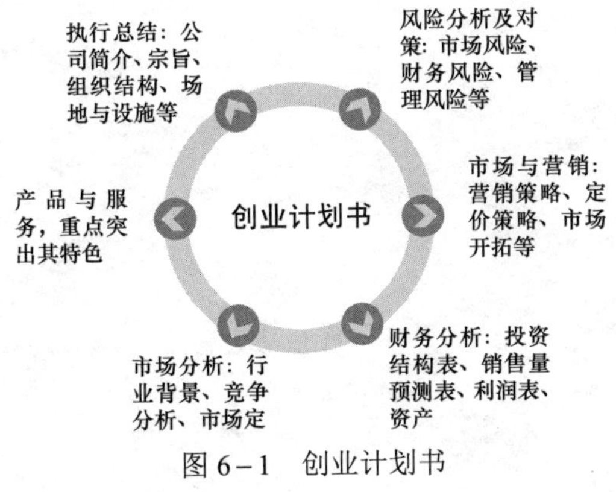

图 6－1　创业计划书

拓展延伸

演讲中如何在舞台上建立自信

演讲时最大障碍就是紧张，紧张是一种十分正常的生理现象，演讲当中的紧张属于精神紧张，是每一位演说者必须克服的心理障碍。因此，初学演讲的人一定要学会消除紧张，建立自信。一旦你突破了自我的约束，就会像面对朋友一样，自然大方地走向讲台与观众倾心交谈。在演讲时，建立舞台自信的技巧主要有以下四个方面。

第一，自我鼓励法。首先要在精神上鼓舞自身，进行一些语言反复的自我暗示。例如，“我能行”“我可以讲得很好”等。在演讲之前，不应过多地去考虑演讲失败后的后果。心理学实验表明，经由自我鼓励暗示产生的学习与工作动机，对促进学习与工作取得良好成绩具有有力的推动作用。

第二，要点记忆法。演讲前，尽量不要机械地去背诵演讲稿。机械式的记忆极易因怯场、听众情绪波动、设备故障等突发事件而发生链条的断裂，导致演讲者处于记忆空白状态或者思维短路，以致演讲无法进行下去。因此，在演讲过程当中一定是记关键词，记演讲的框架、重点，而不是去记演讲稿。

第三，试讲练习法。使用这种方法可以纠正语音、矫正口型、锻炼遣词造句的能力，

而且可以训练你的形体动作。找一个非常安静的地方，独自去练习；或者邀请一些朋友、同事充当你的听众，一来可以增强现场的氛围，二来可以接受一些好的意见和建议。

第四，目光回避法。初学演讲的人往往会害怕与听众进行眼神的交流而做出一些侧身、仰望、低头等影响演讲效果的不正当的姿势。演讲时，通常需要演讲者正视听众，这既是出于一种礼貌，又是演讲者与听众全方位交流的需要。此时，不妨采用虚视的方式处理目光，将视线移到演讲场后的后几排，以免回避听众的目光让目光在会场上缓缓地去流动。

拓展阅读 6-4

创业计划书模板

项目七
创业融资

实训一　创业融资渠道大盘点

实训目标

1. 认识创业融资的内涵。
2. 了解创业融资的来源和渠道。
3. 学会分析不同融资渠道的优劣势。

实训环节

一、了解大学生创业融资现状

通过图书查阅、网络搜索、报告分析、问卷调查、向相关机构或人士咨询等途径，了解大学生创业融资的现状。包括大学生主要的融资来源和渠道、融资难点、融资模式、融资风险、投资回报情况等。

1. 你了解到的大学生创业融资现状为：________________________________

____

____

____

2. 通过上述查询，你认为造成大学生“融资难”的原因有哪些？

____

____

____

二、对比分析不同创业融资渠道的特点及优劣势

根据掌握的关于创业融资渠道的知识，对比分析不同创业融资渠道的特点及优劣势，并将分析结果填入表 7－1 中。

表 7－1　不同融资渠道的特点及优劣势对比表

融资渠道	特点	优势	劣势
政策性融资			
自筹资金			
银行贷款			
合作融资			
天使投资			
风险投资			
网络借贷平台			
融资租赁			
众筹融资			

三、盘点个人融资渠道资源

请根据自身的实际情况，以及对创业融资渠道知识的了解，对自身进行创业可能获取的融资资源进行盘点，并将结果填入表 7－2 中。

表 7－2　融资渠道资源表

渠道	可能的资源
政策性融资	
自筹资金	
银行贷款	
合作融资	
天使投资	
风险投资	
网络借贷平台	
融资租赁	
众筹融资	

实训二 制定创业融资决策

实训目标

1. 了解融资决策的影响因素。
2. 学会选择适合的融资渠道。
3. 学会预测融资成功概率。

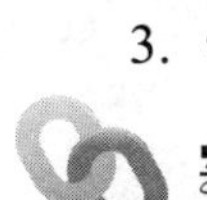

实训环节

一、阅读并分析

从政府创业基金到风险投资

2006 年 1 月，位于上海大学国家大学科技园内的上海申传电器有限公司在上海市大学生科技创业基金支持下成立，并在 2006 年 6 月获得上海亿创投资有限公司 300 万元风险投资，打破了国内大学生创业难获风险投资的尴尬局面，开创了上海大学生创业的崭新局面。据上海申传电器有限公司创始人郑昌陆回忆，获得政府创业基金的喜悦和新鲜感并没有维持多久。不足一月后，他就发现原来申报的项目虽然应用前景很好但研发周期很长，同时需要大笔资金投入，政府创业基金不足以满足公司发展的需求。

于是，创业团队做出了一个果断的决策：除了原先的申报项目外，同时专攻既有一定技术基础又有市场前景的电子电力产品。经过几番公关，创业团队陆续开发出高性能逆变电源、智能化蓄电池充电装置、工业变频器等产品。渐渐地，公司开始获得订单，并与国内几家大型企业达成了长期合作协议。

转机终于来了，通过上大科技园的牵线搭桥，上海亿创投资有限公司对申传的项目表示很有兴趣。2006 年 6 月 2 日，这家风险投资商决定到郑昌陆所在的公司进行实地考察。双方经过交流，最终达成了协议：上海亿创投资有限公司将分段注资 300 万元。郑昌陆所带领的团队，成为上海市大学生创业风险基金的第一例。

1. 阅读上述案例，谈谈案例中的公司是如何接连获得政府创业基金和风险投资的。

____

____

____

2. 结合案例及自身实际，谈谈应该如何做出融资决策。

____

3. 读完上述案例，你有何感想？

二、预测融资成功概率

拓展阅读 7-2
创业者在融资前需要考虑的9个问题

在实训一盘点的融资渠道资源的基础上，根据影响融资决策的四个因素，为各融资渠道评分。评分标准为："十分容易"得4分；"比较容易"得3分；"一般"得2分；"比较难"得1分；"非常难"得0分。请根据此评分标准为表7-3中的融资渠道打分，并计算各个渠道的总得分，得分越高，表示使用此渠道融资成功的概率越高。

表 7-3　融资成功概率预测表

因素 渠道	融资成本	融资风险	融资机动性	融资方便程度	总分
政策性融资					
自筹资金					
银行贷款					
合作融资					
天使投资					
风险投资					
网络借贷平台					
融资租赁					
众筹融资					

实训三　模拟创业融资路演

实训目标

1. 了解融资路演的相关内容。
2. 掌握融资路演的技能。
3. 锻炼表达能力和现场演讲能力。

实训环节

一、制作融资路演 PPT

在项目六－实训三拟建的创业企业及撰写的创业计划书的基础上，梳理制作 PPT 的内容文案。具体内容包括：

公司（项目）基本情况：

____

____

____

____

市场分析：

____

____

____

____

产品/服务分析：

____

____

____

____

商业模式：

盈利模式：

财务分析：

项目团队：

公司现状：

发展规划：

____

____

____

____

融资方案：

____

____

____

____

制作 PPT 时，以简洁明了的图表、文字为主要内容，并辅以简短的总结性话语。重点突出市场分析、产品/服务、商业模式、营利模式、财务预测等方面。

二、模拟进行融资路演

选定路演地点、演讲人员以及观众（可由老师、学长学姐、相关人士等模拟担任），模拟进行融资路演。在路演时，要注意以下几个方面的内容：

1. 明确路演观众

在进行融资路演时，首先要明确路演的受众是谁，即你会和谁见面，你在对谁演讲。这要求演讲者在路演之前需调查清楚投资者及投资公司的相关信息，明确投资者关注的重点和可能提出的要求。

2. 注重路演开头

路演开头能否吸引投资者的目光对于路演能否成功至关重要。这要求演讲者在开头的头三句话中能够清晰明确地将公司（项目）概况、市场潜力、产品特色等传达给投资者。例如，第一句：表明公司（项目）是做什么的；第二句：阐明产品的市场或解决的消费痛点是什么；第三句：说明公司（项目）的市场或增长潜力有多大。

3. 形成路演框架，做到重点突出

根据环节一梳理的 PPT 内容文案，形成路演的内容框架，避免在演讲时说一些不必要的内容。同时，做到重点突出，将需要重点说明的内容清楚地传达给投资者。例如，在说明产品/服务时，要向投资者讲清楚你的产品/服务解决了哪些问题（市场定位）；是如何解决这些问题的（产品/服务逻辑）；为什么你能够解决这些问题（产品/服务的核心竞争力）。

4. 控制路演时间

路演的时间不宜过长，通常控制在 10 分钟左右。这要求演讲者的 PPT 简洁明了；演讲者的演讲与表达简练清晰。演讲者在进行路演之前，可先自行练习，熟悉路演流程和演

讲内容，确保在正式路演时不会太过紧张。

拓展延伸

路演注意事项[①]

（1）事先对路演听众有所了解，“从听众出发”，重点围绕听众最想听到的关键进行阐述。

（2）路演时最好由CEO主讲。

（3）切莫念PPT，面对听众而不是屏幕。

（4）实事求是，不要含糊或者夸大其词。

（5）先展示创业激情和实实在在的想法/做法，然后再向投资者“要钱”。

（6）突出项目优势，讲清楚如何赚钱。

（7）化繁为简，学会运用通俗易懂的语言，避免堆砌大量枯燥的专业术语和数据。

（8）在所在行业懂得比投资人更多。

（9）自信而不自大，保持一颗平常心去面对。

（10）注重着装仪表，保持自然微笑。

拓展视频7-3

融资路演视频

实训四 创业融资风险管理

实训目标

1. 了解创业融资风险的内容。
2. 掌握规避创业融资风险的方法。

实训环节

一、阅读并分析

博客网的融资风险

2002年，方兴东创立博客中国（博客网的前身），之后3年内网站一直坚持每月逾30%的增加，全球排名一度飙升到60多位。其间获得了50万美元的天使投资和1 000万美元的风险投资，并引发了中国Web2.0的投资高潮。随后，“博客中国”更名为“博客网”，并声称要做博客式门户，号称“全球最大中文博客网站”。在短短半年的工夫内，博客网的员工就从40多人扩张至400多人。

然而不管是方兴东自己，还是熟悉他的人，都认为他是一个学者或文人，而不是熟谙

① 如何进行一次成功的路演.西科天使基金，（2014-07-16）［2018-05-25］.

管理和战略的贸易首领，缺少掌控几百人的团队和千万美元级别资金的才干。据称，融资的 60%～70%的资金都用在职工工资上。同时，还在视频、游戏、购物、社交等众多项目上大把烧钱，千万美元很快就被挥霍殆尽。博客网至此拉开了持续 3 年的人事猛烈动荡，高层集体消失，而方兴东自己的 CEO 职务也被一个决策小组取代。博客网不只面临资金链断裂、运营难以为继的窘境，同时，业务也在不时萎缩，用户丧失严重。博客网挣扎过多次，但最终宣布解散。

博客作为 Web2.0 时期的一个产品，无疑是互联网开展进程中的一个逾越，引领互联网进入了自媒体时代。因此，博客本身是胜利的，但关于博客网，它让投资者的大把美元白白蒸发，从引领 Web2.0 的先驱成为置之不理的弃儿，无疑是令人心痛的。

［资料来源：林军. 十亿美元的教训［M］. 浙江：浙江大学出版社，2011］

1. 阅读上述案例，分析说明博客网是如何遭遇投资失败的。

____

____

____

2. 结合案例，谈谈大学生创业应如何规避融资风险。

____

____

____

二、分析拟建企业可能面临的融资风险

在项目六－实训三拟建的创业企业的基础上，根据创业融资风险类型的相关知识，分析拟建企业可能面临的融资风险，并将分析结果填入表 7－4 中。（请根据拟建企业的实际情况分析填写）

表 7－4 创业融资风险类型表

类型	分析结果
项目信用风险	
市场风险	
生产风险	
环境风险	
管理风险	
金融风险	

三、尝试管理与规避拟建企业的融资风险

在环节二的分析基础上，查阅创业融资风险管理与规避的相关知识，尝试对拟建企业面临的融资风险提出规避方案，并将方案填入表 7－5 中。

表 7－5　创业融资风险规避方案表

类型	规避方案
项目信用风险	
市场风险	
生产风险	
环境风险	
管理风险	
金融风险	

拓展阅读 7－4

创始人如何与合伙人分配股权

项目八
创业游戏环节

实训　创新创业游戏训练

实训目标

1. 通过创业游戏锻炼创新创业的相关能力。
2. 增强学生团队协作的意识和能力。

实训环节

一、结构性头脑风暴

1. 学生分组，每组 5～10 人。

2. 运用头脑风暴法围绕一款产品提出尽可能多的创业路线。在头脑风暴的过程中，每个同学都要尽可能多地提出自己的创意，以发散性的思维来解决问题。例如，围绕纯棉 T 恤衫产生的结构性头脑风暴如图 8－1 所示。

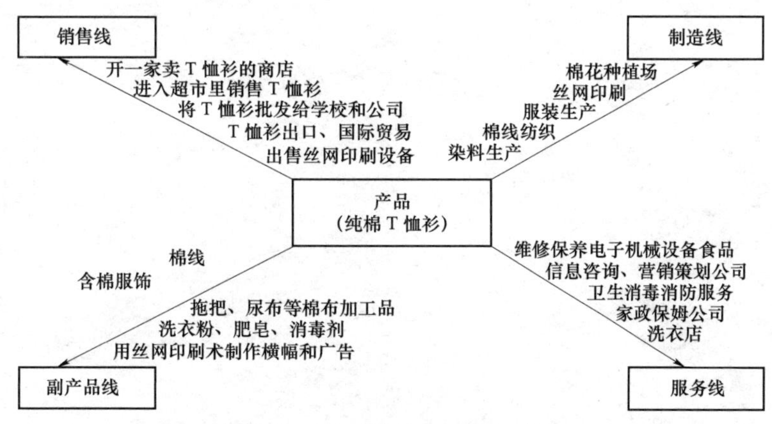

图 8－1　结构性头脑风暴示意图

3. 请每组选取代表上台展示头脑风暴的结果，并由大家投票评出最佳构想小组。

4. 在展示和讨论各组创意的基础上，提出更好更多的创意方案。

5. 探讨回答以下问题。

（1）你通过头脑风暴提出了哪些创意？请将头脑风暴结构图画出来。

（2）在与小组成员交流的过程中，你认为自身有哪些不足之处？应如何加以改进？

（3）若将小组成员看作创业团队的话，谈谈该如何提高团队协作的水平。

二、创业企业商业模式探索

请同学们根据教材项目八的“游戏 4”环节的相关提示，分小组完成关于创业企业商业模式探索的游戏。具体操作方式为：准备好一叠彩色贴纸，在每张贴纸上写上小组成员对每一个问题头脑风暴的结果。

1. 你的创业项目是什么？

关于创业机会和创意的识别与激发，可参考项目四的相关实训内容。在使用头脑风暴法产生商业创意的同时，建议同学们应用焦点小组法对其结果进行进一步的聚焦和讨论。

2. 谁是你的付费用户（客户细分）？

在对客户群体进行细分时，考虑以下问题：是否需要提供不同的产品/服务来满足客户群体的需求；客户群体是否需要通过不同的分销渠道来接触；客户群体的盈利能力（收益

方式）是否有本质的区别；客户群体是否愿意为产品/服务的不同方面付费等。另外，尽量将客户群体细分为具有具体特征的人群，如“企业白领”“大学生”“中小型进出口贸易公司”。忌用抽象名词，如“网购用户”“高消费人群”。

3. 你给客户带来什么好处（价值主张）？

企业的价值主张主要通过解决客户困扰或满足客户需求来为客户提供价值。具体包括新颖、性能、定制化、完善、设计、品牌、价格、成本等要素（要素描述请参考教材 P118）。通常，创业企业的价值主张在满足客户需求的同时，还应考虑能够塑造怎样的核心竞争力，即企业区别于竞争对手的方面体现在哪里。

4. 如何将企业价值主张传达给用户（渠道通路）？

沟通、分销和销售等渠道构成了公司对客户的接口界面。在发现接触客户的正确渠道组合时，需考虑以下方面：哪些渠道可以接触客户细分群体；如何接触；渠道如何整合；哪些渠道最为有效；哪些渠道成本效益最好；如何对渠道与客户的例行程序进行整合。

5. 如何同用户建立联系（客户关系）？

根据创业项目所要解决的问题，明确客户细分群体希望同企业建立和保持的关系类型，并评估建立这些关系的成本。

6. 你有多少种赚钱的产品/服务（收入来源）？

搜集同类创业项目的企业实例，了解其收入来源有哪些，并据此确定自身的收入来源。

7. 你还缺少什么（核心资源）？

根据创业项目的实际需要作答，并提出可能的解决方案。

8. 你的核心任务是什么（关键业务）？

企业的关键业务要同企业的价值主张、渠道通路、客户关系、收入来源等相挂钩。不同企业类型具有不同的关键业务。例如，对于微软等软件制造商而言，其关键业务为软件开发；对于麦肯锡等咨询企业而言，其关键业务为问题解决。

9. 谁能够帮助你（重要合作）？

一般地，重要合作描述的是企业运作所需的供应商与合作伙伴的网络。不要写投资公司，请分析除资金之外的业务合作伙伴。

10. 你需要投入多少成本（成本结构）？

请根据项目五的相关实训内容，预测创业项目的成本结构。

拓展视频 8－1

创业中国第一期精华版

拓展视频 8－2

马云教你如何创业

附录　新道新商战沙盘教学规则——高职教学规则

一、教学目标

1. 培养四个认知

（1）对生产制造型企业运作流程的熟知。
（2）对生产制造型企业管理流程的认知。
（3）对企业内部工作岗位及岗位职责的熟知。
（4）对专业知识在企业实践应用领域的方向认知。

2. 培养四个能力

（1）培养学生的自主学习能力。
（2）培养学生对企业生产经营的整体规划能力。
（3）运用专业知识判断企业经营管理实践问题的能力。
（4）提升实践能力、职业能力和综合能力。

二、适用范围

本规则适用于没有沙盘基础，有一定创业知识的高等职业技术院校学生。

三、配套订单

本规则配套教学订单方案有三套，高职教学规则二（6～8 组）、高职教学规则二（8～10 组）、高职教学规则二（12～15 组）。

四、企业背景

市场环境：供过于求。
材料种类：R1、R2、R3、R4。
产品种类：P1、P2、P3、P4。
生产线种类：超级手工线、自动线、柔性线。
厂房种类：大厂房、小厂房（购/租厂房上限 3 个）。
市场种类：本地、区域、全国、亚洲。

五、教学分组

每组 5 名组员，分工如下：总经理；财务总监；营销总监；采购总监；生产总监。

六、运行方式及监督

模拟经营采用新商战电子沙盘系统 V3.0（以下简称“新商战 3.0”）与实物沙盘相结合的方式，基于“新商战 V3.0”模拟平台进行，以实物沙盘作为辅助运作工具。

每年运行完成后，必须按照当年末结束状态，将运营结果摆在实物沙盘上，以便现场各组收集情报用。

七、企业运营流程

企业运营流程须按照实训手册－经营记录表中列示的流程严格执行。CEO 按照经营记录表中指示的顺序发布执行指令，每项任务完成后，CEO 须在任务完成后对应的方格中打勾。（详见附录）

每年经营结束后，每组须提交综合费用表、利润表和资产负债表。

八、教学规则

1. 生产线

（1）不论何时出售生产线（附表 1），从生产线净值中取出相当于残值的部分计入现金，净值与残值之差计入损失。

（2）只有空的并且已经建成的生产线方可转产。

（3）当年建成的生产线、转产中生产线都要交维修费。

2. 折旧（平均年限法）

当生产线净值等于残值时生产线不再计提折旧（附表 2），但可以继续使用。

生产线建成第一年（当年）不计提折旧。

附表 1

生产线	购置费/万元	安装周期	生产周期	维修费/（万元/年）	残值/万元	转产周期	转产费	分值/分
超级手工线	35	无	2Q	5	5	无	无	0
自动线	150	3Q	1Q	20	30	1Q	20W	8
柔性线	200	4Q	1Q	20	40	无	无	10

附表 2 单位：万元

生产线	购置费	残值	建成第 1 年	建成第 2 年	建成第 3 年	建成第 4 年	建成第 5 年
超级手工线	35	5	0	10	10	10	0
自动线	150	30	0	30	30	30	30
柔性线	200	40	0	40	40	40	40

3. 厂房

（1）租用或购买厂房可以在任何季度进行。如果决定租用厂房或者厂房买转租（附表 3），租金在开始租用时交付。

（2）厂房租入后，租期结束后才可做租转买、退租等处理，如果没有重新选择，系统自动做续租处理，租金在“当季结束”时和“行政管理费”一并扣除。

（3）如需新建生产线，则厂房须有空闲空间。

（4）当厂房中没有生产线，才可以选择退租。

（5）厂房合计购/租上限为 3 个。

（6）已购厂房随时可以按原值出售（如有租金须付清后才可出售，否则无法出售），获得账期为 4Q 的应收款。

附表 3

厂房	购买价格/万元	租金/（万元/年）	出售价格/万元	容量/条	购买上限/个	分值/分
大厂房	400	40	400	4	3	10
中厂房	300	30	300	3	3	8
小厂房	180	18	180	2	3	7

4. 融资

规则说明：

（1）长期贷款期限为 1～5 年，短期贷款期限为 4 个季度（一年）。

（2）长期贷款借入当年不付息，第二年年初开始，每年按年利率支付利息，到期还本时，支付最后一年利息。

（3）短期贷款到期时，一次性还本付息。

（4）长期贷款和短期贷款均不可提前还款（附表 4）。

（5）如与参数有冲突，以参数为准。

附表 4

贷款类型	贷款时间	贷款额度	年息	还款方式
长期贷款	每年度初	所有贷款不超过上一年所有者权益的 3 倍，不低于 10 万元	10%	年初付息，到期还本
短期贷款	每季度初	所有贷款不超过上一年所有者权益的 3 倍，不低于 10 万元	5%	到期一次还本付息
资金贴现	任何时间	视应收款额	10%（1 季，2 季） 12. 5%（3 季，4 季）	贴现各账期分开核算，分开计息
库存拍卖	原材料八折（向下取整），成品按成本价			

5. 市场准入

市场开拓，只能在每年第四季度操作，见附表 5。

附表 5

市场	开发费用	时间	分值
本地	10 万元/年×1 年＝10 万元	1 年	7 分
区域	10 万元/年×1 年＝10 万元	1 年	7 分
国内	10 万元/年×2 年＝20 万元	2 年	8 分
亚洲	10 万元/年×3 年＝30 万元	3 年	9 分

6. ISO 认证

ISO 认证，只能在每年第四季度操作，见附表 6。

附表 6

市场	开发费用	时间	分值
ISO 9000	10 万元/年 × 2 年 = 20W	2 年	8 分
ISO 14000	20 万元/年 × 2 年 = 40W	2 年	10 分

7. 产品研发

产品研发见附表 7。

附表 7

名称	开发费用	开发周期	加工费（万元/个）	直接成本（万元/个）	产品组成	分值
P1	10 万元/季 × 2 季 = 20 万元	2 季	10	20	R1	7 分
P2	10 万元/季 × 3 季 = 30 万元	3 季	10	30	R2 + R3	8 分
P3	10 万元/季 × 4 季 = 40 万元	4 季	10	40	R1 + R3 + R4	9 分
P4	10 万元/季 × 5 季 = 50 万元	5 季	10	50	R1 + R3 + 2R4	10 分

8. 原材料

原材料见附表 8。

附表 8

名称	购买价格（万元/个）	提前期
R1	10	1 季
R2	10	1 季
R3	10	2 季
R4	10	2 季

9. 紧急采购

（1）付款即到货，可马上投入生产或销售，原材料价格为直接成本的 2 倍，成品价格为直接成本的 3 倍。即：紧急采购 R1 或 R2，每个原材料单价为 20 万元/个，紧急采购 P1 单价为 60 万元/个，紧急采购 P2 单价为 90 万元/个。

（2）紧急采购原材料和产品时，直接扣除现金。上报报表时，成本仍然按照标准成本记录，紧急采购多付出的成本计入费用表“损失”。

（3）如与参数冲突，以参数为准。

10. 选单规则

以当年本市场本产品广告额投放大小顺序依次选单；如果两组本市场本产品广告额相

同，则看当年本市场广告投放总额；如果当年本市场广告总额也相同，则看上年该市场销售排名；如仍相同，先投广告者先选单。

如参数中选择有市场老大，老大有该市场所有产品优先选单权。

提请注意：

（1）必须在倒计时大于 5 秒时选单，出现确认框要在 3 秒内按下确认按钮，否则可能造成选单无效。

（2）每组每轮选单只能先选择 1 张订单，待所有投放广告组完成第一轮选单后还有订单，该市场该产品广告额大于等于 3W 的组将获得第二轮选单机会，选单顺序和第一轮相同；第二轮选单完成后，该市场该产品广告额大于等于 5W 的组将获得第三轮选单机会，选单顺序和第一轮相同；以此类推。

（3）在某细分市场（如本地、P1）有多次选单机会，只要放弃一次，则视同放弃该细分市场所有选单机会。

（4）选单中有意外，请立即告知老师，老师会暂停倒计时。

（5）市场老大指上一年某市场内所有产品销售总额最多，且该市场没有违约的那家企业，如果出现多组销售总额相等，则市场无老大。

11. 取整规则

违约金扣除——四舍五入。

库存出售所得现金——向下取整。

贴现费用——向上取整。

贷款利息——四舍五入。

12. 重要参数

重要参数见附表 9。

附表 9

违约金比例	20.00%	贷款额倍数	3 倍
产品折价率	100.00%	原材料折价率	80.00%
长贷利率	10.00%	短贷利率	5.00%
1，2 期贴现率	10.00%	3，4 期贴现率	12.50%
初始现金	700 万元	管理费	10 万元
信息费	1 万元	所得税率	25.00%
最大长贷年限	5 年	最小得单广告额	10 万元
原材料紧急采购倍数	2 倍	产品紧急采购倍数	3 倍
选单时间	45 s	首位选单补时	15 s
市场同开数量	3	市场份额最大	无
竞单时间	90 s	竞单同竞数	3
最大厂房数量	3 个		

提请注意：

每市场每产品选单时第一个组选单时间为 60 s，自第二个组起，选单时间设为 45 s。

13. 破产处理

当某组权益为负（指当年结束系统生成生成资产负债表时为负）或现金断流时（即现金为负数，但权益和现金可以为零），企业破产。

破产后，教师可通过注资等方式使其继续参与模拟经营实训。

14. 教学排名

教学结果以参加教学各组的第 6 年结束后的最终所有者权益进行评判，分数高者为优胜。

如果出现最终权益相等的情况，则参照各组第 6 年结束后的最终盘面计算盘面加分值，加分值高的组排名在前。（排行榜只限于排名之用，不计入最终权益值）如果加分值仍相等，则比较第 6 年净利润，高者排名靠前，如果还相等，则先完成第 6 年经营的组排名在前。

总成绩＝所有者权益×（1＋企业综合发展潜力/100）

企业综合发展潜力＝市场资格分值＋ISO 资格分值＋生产资格分值＋厂房分值＋各条生产线分值

生产线建成（包括转产）即加分，无须生产出产品，也无须有在制品；厂房必须为买。

15. 关于摆盘和巡盘

教学过程中使用实物沙盘摆盘，只需要摆出当年结束状态，不要求中间过程。本次摆盘要求摆出生产线（含在制品）、生产线净值、在建工程、现金、应收款（包括金额与账期）、原材料库存、产成品库存、各种资格、摆厂房、原材料订单、各类费用；年末由老师统一发令，可观看其他组的盘面，不得向其他组询问摆盘信息之外的其他信息。巡盘期间至少留一人在本组。

新道新商战沙盘系统运营记录手册（产品版本号：V5.0）见附表 A～附表 D。

附表 A-1　第一年

年初现金盘点				
申请长期贷款				
季初现金盘点（请填余额）				
更新短期贷款/还本付息				
更新生产/完工入库				
生产线完工				
申请短期贷款				
更新原料库（购买到期的原料，更新在途原料）				
订购原料				
购租厂房（选择厂房类型，选择购买或租赁）				
新建生产线（选择生产线类型及生产产品种类）				
在建生产线（生产线第二、三、四期的投资）				
生产线转产（选择转产产品种类）				
出售生产线				
开始下一批生产（空置的生产线开始新一轮生产）				
更新应收款（输入从应收款一期更新到现金库的金额）				
按订单交货				
厂房处理				
产品研发投资				
支付行政管理费				
新市场开拓				
ISO 资格认证投资				
支付设备维修费				
计提折旧				（　）
违约扣款				
紧急采购（随时进行）				
出售库存（随时进行）				
应收款贴现（随时进行）				
贴息（随时进行）				
其他现金收支情况登记（根据需要填写）				
期末现金对账（请填余额）				

附表 A-2　订单登记表

市场										
产品										
数量										
交货期										
应收款账期										
销售额										
成本										
毛利										

附表 A-3　产品核算统计表

项目	P1	P2	P3	P4	P5	合计
数量						
销售额						
成本						
毛利						

附表 A-4　综合管理费用明细表　　单位：万元

项目	金额	备　注
管理费		
广告费		
维修费		
租金		
转产费		
市场准入开拓		□本地　□区域　□国内　□亚洲　□国际
ISO 资格认证		□ISO 9000　□ISO 14000
产品研发		P1（ ）　P2（ ）　P3（ ）　P4（ ）　P5（ ）
损失		
合计		

附表 A－5　利润表　　单位：万元

项　目	本　年　数
销售收入	
直接成本	
毛利	
综合费用	
折旧前利润	
折旧	
支付利息前利润	
财务费用（利息＋贴息）	
税前利润	
所得税	
净利润	

附表 A－6　资产负债表　　单位：万元

资　产	金　额	负债和所有者权益	金　额
流动资产：		负债：	
现金		长期负债	
应收款		短期负债	
在制品		应交税金	
成品			
原料			
流动资产合计		负债合计	
固定资产：		所有者权益：	
土地和建筑		股东资本	
机器与设备		利润留存	
在建工程		年度净利	
固定资产合计		所有者权益合计	
资产总计		负债和所有者权益总计	

附表 A-7 第二年

年初现金盘点				
申请长期贷款				
季初现金盘点（请填余额）				
更新短期贷款/还本付息				
更新生产/完工入库				
生产线完工				
申请短期贷款				
更新原料库（购买到期的原料，更新在途原料）				
订购原料				
购租厂房（选择厂房类型，选择购买或租赁）				
新建生产线（选择生产线类型及生产产品种类）				
在建生产线（生产线第二、三、四期的投资）				
生产线转产（选择转产产品种类）				
出售生产线				
开始下一批生产（空置的生产线开始新一轮生产）				
更新应收款（输入从应收款一期更新到现金库的金额）				
按订单交货				
厂房处理				
产品研发投资				
支付行政管理费				
新市场开拓				
ISO 资格认证投资				
支付设备维修费				
计提折旧				（ ）
违约扣款				
紧急采购（随时进行）				
出售库存（随时进行）				
应收款贴现（随时进行）				
贴息（随时进行）				
其他现金收支情况登记（根据需要填写）				
期末现金对账（请填余额）				

附表 A－8　订单登记表

市场											
产品											
数量											
交货期											
应收款账期											
销售额											
成本											
毛利											

附表 A－9　产品核算统计表

项目	P1	P2	P3	P4	P5	合计
数量						
销售额						
成本						
毛利						

附表 A－10　综合管理费用明细表　　单位：万元

项目	金额	备　注
管理费		
广告费		
维修费		
租金		
转产费		
市场准入开拓		□本地　□区域　□国内　□亚洲　□国际
ISO 资格认证		□ISO 9000　□ISO 14000
产品研发		P1（ ）P2（ ）P3（ ）P4（ ）P5（ ）
损失		
合计		

附表 A－11　利润表　　单位：万元

项　　目	本　年　数
销售收入	
直接成本	
毛利	
综合费用	
折旧前利润	
折旧	
支付利息前利润	
财务费用（利息＋贴息）	
税前利润	
所得税	
净利润	

附表 A－12　资产负债表　　单位：万元

资　　产	金　额	负债和所有者权益	金　额
流动资产：		负债：	
现金		长期负债	
应收款		短期负债	
在制品		应交税金	
成品			
原料			
流动资产合计		负债合计	
固定资产：		所有者权益：	
土地和建筑		股东资本	
机器与设备		利润留存	
在建工程		年度净利	
固定资产合计		所有者权益合计	
资产总计		负债和所有者权益总计	

附表 A－13　第三年

年初现金盘点				
申请长期贷款				
季初现金盘点（请填余额）				
更新短期贷款/还本付息				
更新生产/完工入库				
生产线完工				
申请短期贷款				
更新原料库（购买到期的原料，更新在途原料）				
订购原料				
购租厂房（选择厂房类型，选择购买或租赁）				
新建生产线（选择生产线类型及生产产品种类）				
在建生产线（生产线第二、三、四期的投资）				
生产线转产（选择转产产品种类）				
出售生产线				
开始下一批生产（空置的生产线开始新一轮生产）				
更新应收款（输入从应收款一期更新到现金库的金额）				
按订单交货				
厂房处理				
产品研发投资				
支付行政管理费				
新市场开拓				
ISO 资格认证投资				
支付设备维修费				
计提折旧				（　）
违约扣款				
紧急采购（随时进行）				
出售库存（随时进行）				
应收款贴现（随时进行）				
贴息（随时进行）				
其他现金收支情况登记（根据需要填写）				
期末现金对账（请填余额）				

附表 A－14 订单登记表

市场											
产品											
数量											
交货期											
应收款账期											
销售额											
成本											
毛利											

附表 A－15 产品核算统计表

项目	P1	P2	P3	P4	P5	合计
数量						
销售额						
成本						
毛利						

附表 A－16 综合管理费用明细表 单位：万元

项目	金额	备　注
管理费		
广告费		
维修费		
租金		
转产费		
市场准入开拓		□本地　□区域　□国内　□亚洲　□国际
ISO 资格认证		□ISO 9000　□ISO 14000
产品研发		P1（ ）P2（ ）P3（ ）P4（ ）P5（ ）
损失		
合计		

附表 A－17　利润表　　单位：万元

项　　目	本　年　数
销售收入	
直接成本	
毛利	
综合费用	
折旧前利润	
折旧	
支付利息前利润	
财务费用（利息＋贴息）	
税前利润	
所得税	
净利润	

附表 A－18　资产负债表　　单位：万元

资　　产	金　额	负债和所有者权益	金　额
流动资产：		负债：	
现金		长期负债	
应收款		短期负债	
在制品		应交税金	
成品			
原料			
流动资产合计		负债合计	
固定资产：		所有者权益：	
土地和建筑		股东资本	
机器与设备		利润留存	
在建工程		年度净利	
固定资产合计		所有者权益合计	
资产总计		负债和所有者权益总计	

附表 A－19　第四年

项目				
年初现金盘点				
申请长期贷款				
季初现金盘点（请填余额）				
更新短期贷款/还本付息				
更新生产/完工入库				
生产线完工				
申请短期贷款				
更新原料库（购买到期的原料，更新在途原料）				
订购原料				
购租厂房（选择厂房类型，选择购买或租赁）				
新建生产线（选择生产线类型及生产产品种类）				
在建生产线（生产线第二、三、四期的投资）				
生产线转产（选择转产产品种类）				
出售生产线				
开始下一批生产（空置的生产线开始新一轮生产）				
更新应收款（输入从应收款一期更新到现金库的金额）				
按订单交货				
厂房处理				
产品研发投资				
支付行政管理费				
新市场开拓				
ISO 资格认证投资				
支付设备维修费				
计提折旧				（　）
违约扣款				
紧急采购（随时进行）				
出售库存（随时进行）				
应收款贴现（随时进行）				
贴息（随时进行）				
其他现金收支情况登记（根据需要填写）				
期末现金对账（请填余额）				

附表 A－20　订单登记表

市场										
产品										
数量										
交货期										
应收款账期										
销售额										
成本										
毛利										

附表 A－21　产品核算统计表

项目	P1	P2	P3	P4	P5	合计
数量						
销售额						
成本						
毛利						

附表 A－22　综合管理费用明细表　　单位：万元

项目	金额	备　注
管理费		
广告费		
维修费		
租金		
转产费		
市场准入开拓		□本地　□区域　□国内　□亚洲　□国际
ISO 资格认证		□ISO 9000　□ISO 14000
产品研发		P1（ ）P2（ ）P3（ ）P4（ ）P5（ ）
损失		
合计		

附表 A－23 利润表

单位：万元

项　　目	本　年　数
销售收入	
直接成本	
毛利	
综合费用	
折旧前利润	
折旧	
支付利息前利润	
财务费用（利息＋贴息）	
税前利润	
所得税	
净利润	

附表 A－24 资产负债表

单位：万元

资　　产	金　额	负债和所有者权益	金　额
流动资产：		负债：	
现金		长期负债	
应收款		短期负债	
在制品		应交税金	
成品			
原料			
流动资产合计		负债合计	
固定资产：		所有者权益：	
土地和建筑		股东资本	
机器与设备		利润留存	
在建工程		年度净利	
固定资产合计		所有者权益合计	
资产总计		负债和所有者权益总计	

附表 A－25　第五年

年初现金盘点				
申请长期贷款				
季初现金盘点（请填余额）				
更新短期贷款/还本付息				
更新生产/完工入库				
生产线完工				
申请短期贷款				
更新原料库（购买到期的原料，更新在途原料）				
订购原料				
购租厂房（选择厂房类型，选择购买或租赁）				
新建生产线（选择生产线类型及生产产品种类）				
在建生产线（生产线第二、三、四期的投资）				
生产线转产（选择转产产品种类）				
出售生产线				
开始下一批生产（空置的生产线开始新一轮生产）				
更新应收款（输入从应收款一期更新到现金库的金额）				
按订单交货				
厂房处理				
产品研发投资				
支付行政管理费				
新市场开拓				
ISO 资格认证投资				
支付设备维修费				
计提折旧				（　）
违约扣款				
紧急采购（随时进行）				
出售库存（随时进行）				
应收款贴现（随时进行）				
贴息（随时进行）				
其他现金收支情况登记（根据需要填写）				
期末现金对账（请填余额）				

附表 A－26　订单登记表

市场											
产品											
数量											
交货期											
应收款账期											
销售额											
成本											
毛利											

附表 A－27　产品核算统计表

项目	P1	P2	P3	P4	P5	合计
数量						
销售额						
成本						
毛利						

附表 A－28　综合管理费用明细表　　单位：万元

项目	金额	备　注
管理费		
广告费		
维修费		
租金		
转产费		
市场准入开拓		□本地　□区域　□国内　□亚洲　□国际
ISO 资格认证		□ISO 9000　□ISO 14000
产品研发		P1（ ）　P2（ ）　P3（ ）　P4（ ）　P5（ ）
损失		
合计		

附表 A－29　利润表　　单位：万元

项　　目	本　年　数
销售收入	
直接成本	
毛利	
综合费用	
折旧前利润	
折旧	
支付利息前利润	
财务费用（利息＋贴息）	
税前利润	
所得税	
净利润	

附表 A－30　资产负债表　　单位：万元

资　　产	金　额	负债和所有者权益	金　额
流动资产：		负债：	
现金		长期负债	
应收款		短期负债	
在制品		应交税金	
成品			
原料			
流动资产合计		负债合计	
固定资产：		所有者权益：	
土地和建筑		股东资本	
机器与设备		利润留存	
在建工程		年度净利	
固定资产合计		所有者权益合计	
资产总计		负债和所有者权益总计	

附表 A－31　第六年

年初现金盘点				
申请长期贷款				
季初现金盘点（请填余额）				
更新短期贷款/还本付息				
更新生产/完工入库				
生产线完工				
申请短期贷款				
更新原料库（购买到期的原料，更新在途原料）				
订购原料				
购租厂房（选择厂房类型，选择购买或租赁）				
新建生产线（选择生产线类型及生产产品种类）				
在建生产线（生产线第二、三、四期的投资）				
生产线转产（选择转产产品种类）				
出售生产线				
开始下一批生产（空置的生产线开始新一轮生产）				
更新应收款（输入从应收款一期更新到现金库的金额）				
按订单交货				
厂房处理				
产品研发投资				
支付行政管理费				
新市场开拓				
ISO 资格认证投资				
支付设备维修费				
计提折旧				（　）
违约扣款				
紧急采购（随时进行）				
出售库存（随时进行）				
应收款贴现（随时进行）				
贴息（随时进行）				
其他现金收支情况登记（根据需要填写）				
期末现金对账（请填余额）				

附表 A－32　订单登记表

市场										
产品										
数量										
交货期										
应收款账期										
销售额										
成本										
毛利										

附表 A－33　产品核算统计表

项目	P1	P2	P3	P4	P5	合计
数量						
销售额						
成本						
毛利						

附表 A－34　综合管理费用明细表　　单位：万元

项目	金额	备　　注
管理费		
广告费		
维修费		
租金		
转产费		
市场准入开拓		□本地　□区域　□国内　□亚洲　□国际
ISO 资格认证		□ISO 9000　□ISO 14000
产品研发		P1（ ）　P2（ ）　P3（ ）　P4（ ）　P5（ ）
损失		
合计		

附表 A－35　利润表　　单位：万元

项　　目	本　年　数
销售收入	
直接成本	
毛利	
综合费用	
折旧前利润	
折旧	
支付利息前利润	
财务费用（利息＋贴息）	
税前利润	
所得税	
净利润	

附表 A－36　资产负债表　　单位：万元

资　　产	金　额	负债和所有者权益	金　额
流动资产：		负债：	
现金		长期负债	
应收款		短期负债	
在制品		应交税金	
成品			
原料			
流动资产合计		负债合计	
固定资产：		所有者权益：	
土地和建筑		股东资本	
机器与设备		利润留存	
在建工程		年度净利	
固定资产合计		所有者权益合计	
资产总计		负债和所有者权益总计	

附表 B－1　生产计划及采购计划编制（1～3 年）

生产线		第 1 年				第 2 年				第 3 年			
		一季度	二季度	三季度	四季度	一季度	二季度	三季度	四季度	一季度	二季度	三季度	四季度
1	产品												
	材料												
2	产品												
	材料												
3	产品												
	材料												
4	产品												
	材料												
5	产品												
	材料												
6	产品												
	材料												
7	产品												
	材料												
8	产品												
	材料												
合计	产品												
	材料												

附表 B－2　生产计划及采购计划编制（4～6 年）

生产线		第 4 年				第 5 年				第 6 年			
		一季度	二季度	三季度	四季度	一季度	二季度	三季度	四季度	一季度	二季度	三季度	四季度
1	产品												
	材料												
2	产品												
	材料												
3	产品												
	材料												
4	产品												
	材料												
5	产品												
	材料												
6	产品												
	材料												
7	产品												
	材料												
8	产品												
	材料												
合计	产品												
	材料												

附表 C-1　开工计划

产品	第 1 年				第 2 年				第 3 年			
	一季度	二季度	三季度	四季度	一季度	二季度	三季度	四季度	一季度	二季度	三季度	四季度
P1												
P2												
P3												
P4												
人工 付款												

产品	第 4 年				第 5 年				第 6 年			
	一季度	二季度	三季度	四季度	一季度	二季度	三季度	四季度	一季度	二季度	三季度	四季度
P1												
P2												
P3												
P4												
人工 付款												

产品	第 7 年				第 8 年				第 9 年			
	一季度	二季度	三季度	四季度	一季度	二季度	三季度	四季度	一季度	二季度	三季度	四季度
P1												
P2												
P3												
P4												
人工 付款												

附表 D－1 采购及材料付款计划

产品	第 1 年				第 2 年				第 3 年			
	一季度	二季度	三季度	四季度	一季度	二季度	三季度	四季度	一季度	二季度	三季度	四季度
R1												
R2												
R3												
R4												
材料付款												

产品	第 4 年				第 5 年				第 6 年			
	一季度	二季度	三季度	四季度	一季度	二季度	三季度	四季度	一季度	二季度	三季度	四季度
R1												
R2												
R3												
R4												
材料付款												

产品	第 7 年				第 8 年				第 9 年			
	一季度	二季度	三季度	四季度	一季度	二季度	三季度	四季度	一季度	二季度	三季度	四季度
R1												
R2												
R3												
R4												
材料付款												

附表 D-2　公司贷款申请表

贷款类		1年				2年				3年				4年				5年				6年			
		1	2	3	4	1	2	3	4	1	2	3	4	1	2	3	4	1	2	3	4	1	2	3	4
短贷	借																								
	还																								
高利贷	借																								
	还																								
短贷余额																									
监督员签字																									
长贷	借																								
	还																								
长贷余额																									
上年权益																									
监督员签字																									

附表 D－3　应收账款登记表

公司	款类		1年				2年				3年			
			1	2	3	4	1	2	3	4	1	2	3	4
	应收期	1												
		2												
		3												
		4												
	到款													
	贴现													
	贴现费													
公司	款类		4年				5年				6年			
			1	2	3	4	1	2	3	4	1	2	3	4
	应收期	1												
		2												
		3												
		4												
	到款													
	贴现													
	贴现费													

附表 D－4　市场开发投入登记表

公司代码：

年度	区域市场（1y）	国内市场（2y）	亚洲市场（3y）	国际市场（4y）	完成	监督员签字
第 1 年						
第 2 年						
第 3 年						
第 4 年						
第 5 年						
第 6 年						
总计						

附表 D－5 产品开发登记表

年度	P2	P3	P4	总计	完成	监督员签字
第 1 年						
第 2 年						
第 3 年						
第 4 年						
第 5 年						
第 6 年						
总计						

附表 D－6 ISO 认证投资

年度	第 1 年	第 2 年	第 3 年	第 4 年	第 5 年	第 6 年
ISO 9000						
ISO 14000						
总计						
监督员签字						

参 考 文 献

[1] 吴晓义. 创业基础——理论、案例与实训［M］. 北京：中国人民大学出版社，2014.
[2] 雷志辉. 大学生创新创业［M］. 上海：上海交通大学出版社，2016.
[3] 汤锐华. 大学生创新创业基础［M］. 北京：高等教育出版社，2016.
[4] 汤锐华. 大学生创新创业实训手册［M］. 北京：高等教育出版社，2016.
[5] 王伶俐，丛海霞，黄霞. 大学生创新创业教程［M］. 北京：北京理工大学出版社，2017.
[6] 鲁百年. 创新思维设计［M］. 北京：清华大学出版社，2015.
[7] 檀润华. TRIZ及应用［M］. 北京：高等教育出版社，2014.
[8] 薛永基. 大学生创新创业案例集［M］. 北京：北京理工大学出版社，2017.
[9] 胡飞雪. 创新思维训练与方法［M］. 北京：机械工业出版社，2015.
[10] 梁文玲. 市场营销学［M］. 北京：中国人民大学出版社，2014.
[11] 郝渊晓. 市场营销调研［M］. 北京：科学出版社，2012.
[12] 王艳茹，王兵. 创业资源［M］. 北京：清华大学出版社，2014.
[13] 布鲁斯·R·巴林杰. 创业计划书［M］. 北京：机械工业出版社，2016.